ロジスティクス・SCM《サプライチェーンマネジメント》革命

未来を拓く物流の進化

長沢伸也 編

晃洋書房

「プロロジス寄附講座」講義録の出版に寄せて

本書は、早稲田大学ビジネススクール（WBS）で開講されている「プロロジス寄附講座ロジスティクス・SCM」の講義録です。

プロロジスが日本で事業を開始して2019年で20年、WBSと共に始めたこの寄附講座は14年目を迎えました。14年前と言いますと、物流というのは現在ほど注目されておらず、サプライチェーンという言葉もまだ馴染みのない時代でした。そのような中、間もなく社会に出る大学院生の皆様、あるいは既にご活躍中の社会人の皆様に、物流についてもっと関心を持っていただきたいという思いでこの講座を始めました。

各期15回ほどの講義では、この分野の第一線で活躍されている皆様に、ゲスト講師としてご登壇いただいています。私どもプロロジスは、物流施設を開発・所有・運営し、物流企業やEコマース、メーカーなどのお客様に施設を提供している物流不動産デベロッパーです。いわば物流を支える裏方ですが、ご登壇いただいた講師陣は、まさに物流やサプライチェーンマネジメント（SCM）を知り尽くした企業の皆様です。

Eコマースが急速に発展し、物流やSCMの戦略が企業の発展を大きく左右する時代になりました。そんな中、物流の現場で日々何が起きているのか。これからのSCMはどう変わっていくのか。講義録には、物流に直接携わる皆様にはもちろん、そうでない読者にとっても、ビジネスのヒントになる知見が詰まっています。本書がきっかけとなり、多くの皆様にロジスティクスやSCMへの関心を深めていただくことができればと願っています。

最後になりましたが、今期の講座運営および本書の出版にご尽力いただきました長沢伸也教授、ご多忙の中ご登壇いただいた講師の皆様、このような貴重な場をご提供いただいた早稲田大学ビジネススクール、そして本書を手にとっていただいた読者の皆様に心よりお礼申し上げます。

プロロジス代表取締役社長　山田御酒

はじめに

●本書の概要

本書は早稲田大学ビジネススクール（ＷＢＳ）で開講されている「プロロジス寄附講座　ロジスティクス・ＳＣＭ」で、２０１８年度に招聘したゲスト講師５名による講義を収録した講義録です。

ＮＨＫ総合テレビのニュースで「ラストワンマイル」という言葉が解説なしで用いられるなど、ロジスティクス・ＳＣＭは、いまやビジネスの領域を越えて社会問題化している感があります。そのロジスティクス・ＳＣＭの実際について、「革命的」ともいえる劇的な変化や最新事情を広くカバーし、これからの行方やあり方に示唆を与える書です。

効率的かつ効果的なロジスティクス・ＳＣＭ構築は、日本企業の喫緊の課題です。経営者や第一線の実務家たち自らの言葉の迫力と相俟って、多くのビジネスパーソンのご参考になると確信しています。

●本書の成立経緯

早稲田大学ビジネススクールでは、ビジネス界と密接に連携した教育・研究に注力しており、その取組みの一環として、座学だけではなく、それぞれの立場でご活躍の実務経験者や第一線の研究者の方にゲスト講師としてご登壇いただいております。講義録としては、これまでに、

・『感性マーケティングの実践──早稲田大学ビジネススクール講義録～アルビオン、一澤信三郎帆布、末富、虎屋　各社長が語る──』（同友館、2013年）
・『ジャパン・ブランドの創造──早稲田大学ビジネススクール講義録～クールジャパン機構社長、ソメスサドル会長、良品計画会長が語る──』（同友館、2014年）
・『アミューズメントの感性マーケティング──早稲田大学ビジネススクール講義録～エポック社社長、スノーピーク社長、松竹副社長が語る──』（同友館、2015年）
・『銀座の会社の感性マーケティング──日本香堂、壱番館洋服店、銀座ミツバチプロジェクト、アルビオン──』（同友館、2018年）
・『ラグジュアリーブランディングの実際──3・1フィリップ リム、パネライ、オメガ、リシャール・ミルの戦略──』（海文堂出版、2018年）
・『ロジスティクス・SCMの実際──物流の進化とグローバル化──』（晃洋書房、2018年）
・『地場ものづくりブランドの感性マーケティング──山梨・勝沼醸造、新潟・朝日酒造、山形・オリエンタルカーペット、山形・佐藤繊維──』（同友館、2019年）
・『感性&ファッション産業の実際──ファッション産業人材育成機構、ビームス、山田松香木店、共立美容外科・歯科──』（海文堂出版、2019年）

の8冊を刊行しております。

編者が担当する各講義科目でさまざまなゲスト講師をお招きしているなかで、2018年度の「プロロジス寄附講座　ロジスティクス・SCM」では、13名もの実務家の方々に登壇いただきました。

本書は、そのなかで講演内容や講演資料が講演録として出版されるのが不都合な方も少なくない中、ご快諾いただきましたゲスト講師5名によるそれぞれの講義と受講生との質疑応答を収録しています。ただし、出版に際して、講義部分および質疑応答ともに、各講演者と各企業の広報ご担当様や編者による加除修正を行っています。

●本書の狙い

本書の狙いは、「プロロジス寄附講座　ロジスティクス・SCM」の講義の狙いでもありますので、以下に紹介します。

本講義は、プロロジス寄附講座です。ロジスティクス・SCMに携わる企業の経営者や実務家をゲスト講師として多数お迎えするのが特徴です。2018年度の授業計画は表の通りです。

物流からロジスティクス、そしてサプライチェーン（供給連鎖）へと物の移動システムが大きく変化してきています。また、荷札、バーコード、ICタグなどの情報システムも変化してきています。ロジスティクス技術は、単なる保管または物流から、在庫管理、無在庫販売などの考え方に変化してきています。そして小売店販売、通販、インターネット販売のように販売形態も変化してきています。さらにサプライチェーンもますますグローバル化しています。こうした、ロジスティクスとサプライチェーンの変化と現在の状況を実務で第一線の専門家から講義していただきます。

授業の到達目標は以下の通りです。

・現代のロジスティクスの技術や状況を種々の角度から捉えられるようにすること。

表 「プロロジス寄附講座　ロジスティクス・SCM」2018年度授業計画

第1回	ロジスティクス・SCM 入門 （担当者：早稲田大学ビジネススクール教授　長沢伸也）
第2回	マテリアルハンドリングについて（物流機器・施設＋α） （担当者：（株）ダイフク　技監　辻本方則）
第3回	物流不動産に関する3つのロジスティクスビジネスについて （担当者：（株）日本ロジスティクスフィールド総合研究所　代表取締役　辻　俊昭）
第4回	賃貸用物流施設計画概論 （担当者：（株）プロロジス　エグゼクティブ　ディレクター / 設計担当コンストラクション・マネジメント部　部長　荻原康利）
第5回	物流がつくる ZOZOTOWN （担当者：（株）スタートトゥデイ　取締役　創造開発本部　フルフィルメント本部担当　大蔵峰樹）
第6回	製薬業界の医薬品流通とエス・ディ・コラボの取組 （担当者：（株）エス・ディ・コラボ　代表取締役社長　副島秀継）
第7回	世界の物流スタートアップ （担当者：（株）SOUCO　代表取締役　中原久根人）
第8回	日立物流が目指すスマートロジスティクス （担当者：（株）日立物流　執行役常務兼東日本統括本部長　畠山和久）
第9回	スポーツ小売の物流改革と最先端 AI ロボ導入事例からの学び （担当者：（株）アルペン　サプライチェーン・ロジスティクス部長　河内宏之）
第10回	倉庫業からグローバルフォワーダーへの道 （担当者：三井倉庫ホールディングス（株）相談役　藤岡　圭）
第11回	ジャパネット流，少品種多量 SCM の強み （担当者：（株）ジャパネットロジスティクスサービス　上席執行役員　岩下英樹）
第12回	欧州日通のロジスティクスビジネス―エポック社欧州中央倉庫を中心に― （担当者：日本通運（株）海外事業本部グローバルロジスティクスソリューション部長　廣島秀敏）
第13回	インダストリー4.0時代のデジタルロジスティクス （担当者：シーオス（株）代表取締役 CEO　松島聡）
第14回	KRS グループの食品物流 （担当者：（株）キユーソー流通システム　開発本部長　執行役員　犬塚英作）
第15回	受講者レポート発表会 （担当者：早稲田大学ビジネススクール教授　長沢伸也）

・初心者には、ロジスティクスがどのようなものかを、実例を通して具体的に把握してもらうこと。
・すでにロジスティクスの業務を経験したことのある人には、ロジスティクスに関する改善提案ができるようになっていただきたいこと。
（以上、ＷＢＳ『講義概要』２０１８年版より）

●おことわりと謝辞

本書の企画と編纂および質疑応答の質問部分の校正は編者があたり、講義部分と質疑応答の回答部分の校正は各講演者があたりましたが、内容や構成は編者がその責めを負っていることは言うまでもありません。また、各講演者が語った珠玉の言葉を収録していますが、話し言葉と文字とのニュアンスの差異や、間《ま》・雰囲気が伝わりきれていなかったり損なっていたりしたとすれば、編者の力量の限界です。また、一部の内容やデータを最新のものに更新しました。

本書が成立する直接のきっかけとなった「プロロジス寄附講座　ロジスティクス・ＳＣＭ」は、科目名のとおり、プロロジスの寄附講座です。ビジネススクールにとって、企業様からご寄附をいただくことは大変名誉であると同時に教育内容の充実につながるもので、深く感謝しております。ご寄附を賜りました同社代表取締役　山田御酒社長、ならびに寄附講座の手続きや運営でご高配を賜りました谷住亜紀マネージングディレクター、中村加奈子シニアマネージャーに厚く御礼申し上げます。

末筆になりましたが、お忙しいなか、ゲスト講師招聘に応じてご出講いただきました（株）ダイフク技監　辻本方則様、（株）日本ロジスティクスフィールド総合研究所　代表取締役　辻　俊昭様、（株）エス・ディ・コラボ　代表取締役社長　副島秀継様、（株）キユーソー流通システム　開発本部長　執

行役員　犬塚英作様、（株）日立物流　執行役常務兼東日本統括本部長　畠山和久様に深甚なる謝意を表します。また、各企業の広報ご担当のみなさまには、ご講演原稿を細部にわたり確認いただきました。さらに講義を熱心に聴講し、活発に質問したＷＢＳの受講生諸君に深く感謝しています。

「プロロジス寄附講座　ロジスティクス・ＳＣＭ」は２０１９年で14年目を迎えました。担当者も高橋輝男名誉教授、藤田精一元教授、黒須誠治名誉教授と技術経営系の教授らにより引き継がれ、編者で四代目です。歴代の先生方に感謝申し上げます。また、早大商学学術院事務所の皆様、特に寄附講座ご担当の埇田博子様ならびに韓申甫様に感謝します。

また、本書は、ロジスティクス関係書として『物流発展と生産性』（２０１９年）や『港湾ロジスティクス論』（２０１７年）も出版している晃洋書房に前作『ロジスティクス・ＳＣＭの実際――物流の進化とグローバル化――』（２０１８年）に引き続き出版を引き受けていただき、同社　西村喜夫取締役編集部長ならびに坂野美鈴編集ご担当のご尽力により形になりました。ここに厚く御礼申し上げます。

本書を通じて、ロジスティクス・ＳＣＭの「革命的」ともいえる劇的な変化や最新事情と本講座が広く知られることとなり、さらに、これからのグローバルサプライチェーンの構築に不可欠な、効率的な物流・ロジスティクスオペレーションを実現するヒントになれば幸甚です。

令和元年大暑　都の西北にて

編者　長沢伸也

※本書中の会社名、およびゲスト講師の所属・役職名は２０１８年当時のものです。

目次

「プロロジス寄附講座」講義録の出版に寄せて
プロロジス　代表取締役社長　山田御酒

はじめに

第1章　マテリアルハンドリングについて（物流機器・施設＋α）……1
ゲスト講師：株式会社ダイフク　技監　辻本方則

1．マテハンはどこで利用されているか／2．マテハンの利用シーン／3．ダイフクの紹介／4．マテハンとは／5．物流の発展と変遷／6．今後の方向性／7．質疑応答

第2章 物流不動産に関する3つのロジスティクスビジネスについて……49
ゲスト講師：株式会社日本ロジスティクスフィールド総合研究所　代表取締役　辻　俊昭
1．急激に増加している物流不動産について／2．新しい物流施設が必要となってきた背景／3．物流不動産にかかわる3つの成長ビジネス／4．1つ目の物流不動産ビジネスについて／5．3PLビジネスについて／6．通販ビジネスについて／7．通販ビジネスのポイントについて／8．おわりに／9．質疑応答

第3章 製薬業界の医薬品流通とエス・ディ・コラボの取組　81
ゲスト講師：株式会社エス・ディ・コラボ　代表取締役社長　副島秀継
1．医療用医薬品市場／2．スズケングループの紹介／3．エス・ディ・コラボの紹介／4．エス・ディ・コラボのスペシャリティケア事業／5．エス・ディ・コラボのSCM事業／6．メーカー物流のBCP対応／7．再生医療等製品／8．質疑応答

第4章　キューソー便の食品物流……………………………123
ゲスト講師：株式会社キューソー流通システム　執行役員　開発本部長　犬塚英作
1．キューソー流通システムの紹介／2．内食、中食、外食、すべての食事にかかわっている会社／3．食品物流の温度管理／4．食品物流の温度管理①冷蔵庫設備／5．食品物流の温度管理②定温保管の需要拡大に対応／6．食品物流の日付管理①食品ロス削減／7．食品物流の日付管理②賞味期限の年月表示／8．物流はコストではなく付加価値／9．質疑応答

第5章　日立物流が目指すスマートロジスティクス…………157
ゲスト講師：株式会社日立物流　執行役常務　東日本統括本部長　畠山和久
1．日立物流グループ会社概要／2．日立物流の変遷（Logistics4.0へ）／3．日立物流の事業概要とグローバルネットワーク／4．日立物流のスマートロジスティクスの背景と概要／5．スマートロジスティクスについて①自動化／6．スマートロジスティクスについて②可視化／7．スマートロジスティクスについて③最適化（シミュレータ・AI・需要予測）／8．スマート安全運行管理システム／9．おわりに（目指す姿：Global Supply chain Solutions Provider）／10．質疑応答

第1章

マテリアルハンドリングについて（物流機器・施設＋α）

ゲスト講師：株式会社ダイフク　技監　辻本方則氏
開催形態：プロロジス寄附講座　ロジスティクス・ＳＣＭ〈第２回〉
日　　時：２０１８年６月９日
会　　場：早稲田大学早稲田キャンパス11号館９１１教室
対　　象：ＷＢＳ受講生

■会社概要■

株式会社ダイフク
本社所在地
〒104-0054
東京都港区海岸1－2－3汐留芝離宮ビルディング
TEL（03）6721-3538

代表者	下代　博
年間売上（連結）	約4050億
経常利益（連結）	約320億
従業員数（連結）	約9000人
資本金	約318億
設立年月	1937年5月20日
国内支店	25
国内関連会社	6
海外現地法人	48

辻《つじ》本《もと》方《まさ》則《のり》　略歴

1975年3月	早稲田大学大学院修了（工学修士）
1975年4月	㈱ダイフク入社
1996年4月	FADA事業部エンジニアリング部　部長
2000年4月	FADA事業部エンジニアリング部　理事
2004年4月	FADA事業部エンジニアリング部　執行役員
2008年4月	FADA事業部エンジニアリング部　技監
2013年4月	技監　現在に至る

専門　物流システム　コンサル＆プラニング＆エンジニアリング
早稲田大学招聘特別研究員
産業車両　無人搬送車システム委員長　現在特別顧問など

長沢　「プロロジス寄附講座　ロジスティクス・SCM」第2回目のゲスト講師として、株式会社ダイフク 技監　辻本方則様をお迎えしています。「マテリアルハンドリングについて（物流機器・施設＋α）」と題してご講演いただきます。それでは辻本様、よろしくお願いします。（拍手）

1. マテハンはどこで利用されているか

辻本　ダイフクの辻本でございます。半分以上の方が知らない会社だと思いますけれど、これでもこの分野では世界一でございますので、ちょっとは覚えておいてください。だから買ってねなんていうことは言いませんから。今日はダイフクの立場を捨ててお話します。

なお、関西弁のベランメイ調で話をします。悪しからず。

ここに書いてありますように、マテリアルハンドリングってあまり聞いたことないことだと思いますけど、そこら辺を少しご理解いただくと同時に、最近eビジネスがめったやたらとはやっていますね。はやっていると言うと怒られるんですけど、それの根幹というのかな、それを成り立たせている技術の1つです。情報技術も大きな技術なんですけど、普通、皆さん、情報のほうへぱっと目がいくんですけど、情報ってモノを届けてくれないですよね。届けてくれるのはクロネコヤマトだとおっしゃるかも分からんですけど、クロネコヤマトの前にいっぱいの工程があります。そこら辺を私どもがやっておりますす。そういう具合に少しはご理解いただきたいと思います。そこら辺も含めてお話ししたいと思います。

今、私のお話はもうしていただきましたので省きます。私はここではなくて理工学部を出ておりますので、そこでいろいろなことを学んできました。学んできたのは、どっちかというとＩＥといいまして、インダストリアルエンジニアのほうですけど、基本的にはシステムをどうつくるかというところを私どもは学んできまして、それを応用して、物流システムに応用しているというふうにお考えください。

今日は

1. イントロ〈MHはどこで利用されているか?〉
2. ダイフクについて
3. マテハンと物流の発展と変遷
4. 今後の方向性

という、大体この4つぐらいをお話ししたいと思います。どこで利用されているかというのを少しご理解いただきたいなというのが1つ。それと、ダイフクの話はちょっとだけにします。

それと、マテハンと物流の発展と変遷。かなり変わってきましたので、そこら辺のお話をしたいと思います。それから今後の方向性。これはめちゃめちゃ変わると思います。私はもうここら辺に棺桶がおりますからいいんですけど、あなた方はまだまだこれからですね。ものすごい変革期の中におるとお考えください。このジジイですら勉強しないと駄目という世界です。ということで、多少なりともヒントになればなと思います。

ここにちらっと書いてありますね。勝手に質問しますのでよろしくねと書いてあります。

図1-1は、いろいろなところへ入っていますということを表しています。その次にビデオがありますので、そこで少しお話ししますけど、こんなところにおるのというのだけ、ちょっとだけ説明します。**図1-1**の中に、官庁と書いてありますよね。どんなところに入っていると思います? と言っても分からんと思いますから、しゃべります。検察庁です。いろいろな犯罪が起こると、ばさっとおってきますよね。証拠品として確実に管理しないといけません。それはそうですね、裁判をやりますから。そ

図1-1　マテハンとは(1)――マテハンはどこで利用されているか？

れを全部、霞が関の地下2階、地下3階に設備を入れました。これは私がシステム設計しましたので、あのとき初めて麻薬というのを見まして、これが麻薬ですと言われても分かるわけがない。覚醒剤、こんな固まりでおるんですよ。一斗缶ぐらいの固まりで。それで、これいくらと思いますって、分かりませんって言うしかないじゃないですか。知らないんですから。あの当時で1億と言いましたですね。これ、どうやってやっているのと言ったら、海にぽーんと流して、みんな取りに来ているんだと。それが分からんやつが、流れてきたやつがこれだと言っていました。本当かどうかは分からんですよ。彼らも本当のことは言わなくていいですから。そういうものを入れたり。

一番嫌だったのは、この話はもうこれで終わります、殺人事件です。何人も殺したときの殺人のやつって、やはりものすごい臭いがするんです。それを入れておく容器を作って、臭わないようにしました。そんなところにもあります。

ここにおりますね。これ、きのこ。きのこが百何十円になったのはうちのせいです、はっきり言って。自動でだーっと作っていくんです。きのこを植え付けて、温度、湿度、それから光をずっとコントロールします。3回ぐらい動かします。そうすると、いいきのこができるというようなことで、ほとんど人はかかっていないですけど、最後に人がちょこっとおるんです。いいきのこは瓶から取るときに人が要ります。悪いきのこは自動で切ります。そんなところで、それでも大体50人から100人雇います。寒村で50人から100人雇いますと非常に喜ばれます。だって、人いないんですもの。

そんなところで、銀行屋に言わせれば、おまえのところは銀行と同じで、どこでもいるなと言われました。この銀行が最近危ないんですね、見ておって。大丈夫かなと思いますね。要らんことを言うと怒られますので、これぐらいにしますけど。

2．マテハンの利用シーン

図1-2のマテハンの利用シーンについては、まずビデオで見ていただこうと思います。

（ビデオ上演）

図1-2　マテハンとは(2)――マテハンの利用シーン

自動車工場組立ライン

半導体製造ライン　実ラインは写せない為、展示用映像

農業集荷センター

配送センター（メーカー）

配送センター（卸）

①自動車

レクサスの、これは新しいのは出せないので古いやつなんですけど、レクサスの製造ラインです。ほんのポイントだけしか見せていません。こうやって作っています。そこにわれわれのマテリアルハンドリングというものが使われています。

なぜこんなことが使われるようになったかと。一番初めはフォードから始まっていますね。フォードシステムから。あれも大量生産で安い自動車を作りたいというところから始まっているんです。要するに1000万円でいいですよといったら、こんなことしなくていいんです。ここの車は高いですから、800万、1000万ぐらいのもありますけど、500万ぐらいですね。軽自動車なんて百数十万。最近の軽は高いですから200万ぐらいしますけれど。

そういうものを1分1台作れるのは、われわれが一生懸命設備というものを入れて、実際はメーカーと命懸けで作るんですけど、止まってはいけないとは言いません。99・5％、だから0・5％の確率で止まってもいいよとは言うんですけど、大変ですよね。99・5の信頼性を持てと

言われます。これはわれわれにとってはありがたいんです。コンマ5%止まってもいいというのは非常にありがたいんです。だけど、しんどいんですよ。これだけの信頼性を持たないといけない。だけど日本の場合、後ほどちょっと述べるか分かりませんけど、100%にしろという方々が非常にいらっしゃいます。あなたの生き方100%ですかと私は言いたいですけどね。(笑)絶対あり得ないですね。だけど、日本人は絶対100%と言う方々が非常に多いんです。そうするとシステムが組めない。もうバイバイしようかということが何回もあります。

その点アメリカなんかは、ものによりますけど、先ほどの自動車は大体99・5%、同じです。あと半導体もほぼそれぐらいです。ちょっと怪しいなと思って聞いているんですけど。そのように、それぞれがアメリカなんかは信頼性をかっちり言ってきます。配送センターでまあまあいいね、これぐらいでいいやなと言うと、95%と言ってきます。すごいわけですね、われわれは。日本人からすれば、95%なんて天国みたいなものです。

こんな感じで、いろいろと物事の考え方が違うんです。

② 半導体

次が半導体です。

こういうので運んでおるんです。展示用、と思ってください。なぜこうするか。人間、非常に汚いんです。私が汚いんです。皆さんもいろいろなものを出しますよね、ほこりを。そうすると半導体の歩留まりというんですけど、歩留まりがどんどん落ちていくんです。だから初め、人間が運んでおったときの歩留まりって6割とかそんなものだったんです。今は97%と言っています。分かりません。設備を入れた後、われわれを中へ絶対入れてくれません。データも取らせてくれません。それほど厳しいです。厳しい競争をやっています。

今、一番半導体を作っているのはどこかご存知ですか。

受講者　会社の名前ですか？

辻本　会社の名前じゃなくて国という意味です。

受講者　韓国？

辻本　中国です。中国ですよ、皆さん。チップのかなりの量を中国は作っています。なおかつ、まだ製造ラインをいっぱい作っています。われわれのところへ来るので言えば、私どもの設備だけで100億です。ジャパニーズ円ですから。300億と言われます。できません、2カ月、3カ月で。だけど言ってきます。3カ月でやれと。そこを何とかと言って、5カ月ぐらいでやっています。

何でこういうことが起こったか分かります？　中国、会計制度が違うと思うんですけど、彼らの会計制度がよう分からんのですけど、何でこんなことになったと思います？

受講者　半期ごとに決算とか、そういうことでしょうか？

辻本　それもありますけど、要するにキャッシュフローをいかに良くするかということ。要するに6カ月、10カ月だと、この間、資金が寝てしまいますよね、彼らの。だからこれをパンと3カ月。3カ月はごめんねと言っても、5カ月ぐらいでやり通すわけですけど、そうするとその次から金繰りを始めますので、キャッシュフローをどうするかということが会計上のキーになってきました。ここら辺が私どもの、後ほど申し上げますけど、設備に非常に絡んでまいります。

③ 農業

次が農業です。農業で何でこんなことをしたか。簡単です。平均年齢65歳。やっとれないですね。ミカン1箱、こんなのが入ると30キロ以上です。いくらラクラクハンドを使ったって、おじいちゃん、おばあちゃんには大変。そこを何とかしろと言われました。何とかしたのがここら辺で動いているやつなんですけど、これは自動でトラックから全部自動で下ろします。その後、ここで下ろしたら最後、全部自動です。仕分けて箱に詰めて出荷するときまで、全部自動です。ここら辺がほぼ何年か前に実は出来上がりました。

今やっているのは、ミカンを取るとか何とかを取るというところを何とか自動化できないかということで、これは私どもの領域じゃないので、ヤンマーさんとかそこら辺が頑張ってやられています。これがうまくいきますと、農業そのものが非常に楽になります。実際は難しいんですよ。こうやったら高いミカンになるとか、こうやったら安いミカンになっちゃうとか、それはそこにノウハウがあるんですけども、運ぶことがノウハウではありませんので。

④ メーカー

メーカーは、もう時間がないものですからちょっと飛ばしますと、メーカーは多量に作ります。こんなのを1日に何本作っているか分からんです。それを人間がへたへたやっておっては間に合わないです。そういうところがポイントだと思います。それと24時間ですね。３６０日動いていると思ってください。今、フル生産に多分入り始めました。だから皆さん大変です。

もうちょっとくだらんことを教えますと、このキャップありますね。キャップを作っている会社とぺットボトルを作っている会社は別です。そこへ充填する会社。これは3つそろって初めてできるんです。このシールド技術は日本は世界一です。変なところで世界一がいっぱいおります。そんなところです。

⑤ 卸

卸、これも何で自動化をどんどんしないといけないかというと、スーパーマーケットへ行かれますよね。スーパーマーケット、行きます？

受講者　行きます。

辻本　ものすごいだだっ広く、いろいろなものが置いてあるじゃないですか。あれはみんな配送センターから持っていくんです。昔は業者がそれぞれ持ってきたんですけど、店舗はたまらんのですね、何業者も来られて。あそこへ集めて定時にちゃんとお届けすると、必要なものをお届けするということができるようになりました。ばかでかいセンターができていますよ。大丈夫かなってこっちが思うぐらいのセンターがいっぱいできております。

最近のはやりがこれです。これは皆さんが知らないところをちょっと見せます。これは韓国です。韓国で一番のｅビジネスをやっているところです。これは店舗側を映しています。要するに、あそこも共働きが多いんです。そうすると店舗へ買いに行くのがなかなか大変になる。ということで、こういうところへ頼むんです、ばーっと。そうすると必要なときに持ってきてもらえるというようなことでやっております。有名なところとちょっと違うのは、かなり機械化されています。有名なところ、後ほど見せますけど、ちょっと違うスタイルです。どっちがいい、どっちが悪いという意味ではなくて、そういうことです。これはうちの社員です。そんなところですかね。

ちょっとこの中に映ってはいましたが詳しくはお見せできなかったんですけど、ピッキングしたやつがミスしないかどうかということを、向こうのバーがありますので、バーでチェックすると同時に、送り出すと重量チェッカーで全部チェックしています。だからミス率ゼロとは言いませんけど、非常に少ない率でやっております。

3．ダイフクの紹介

ということで、ダイフクは飛ばしますけど、ちょっとだけお話しさせてください。大体80年ちょっと経った会社です。よくこんな会社が持ったわというぐらい持ちました。初めは自動車ですね。本当は一番初めは港湾だったんです。皆さんのお父さん、お母さんでもちょっと知らないかもですね。私の父、母ぐらいですと知っていますね。戦後の食糧難のときに、海外から日本へようけ食料を持ってきてくれたんです。アメリカも助けてくれましたし。そのときに港湾で荷揚げするのに、昔はこれやったんですね。これだけでは間に合わないので機械化するというところで、いろいろな機械化をやりました。そのときにはいっぱいこういう方々がいらっしゃいました。僕は知らないんです。僕が入社したときは、そういうところとお付き合いはなくなりました。戦後、それでかなり皆さんのおじいさんぐらいが食えるような状態ができたというように思ってください。

ただ今、資本金がだんだん分からんようになってきまして318億。売り上げが4000億強。今期、もうちょっといきますね。それから従業員が9000人強。3000人ぐらいがジャパニーズです。あとはみんなアナザーです。アナザーと言うと怒られて、一番多いのがチャイニーズ、その次がアメリカンぐらいかな。あとはタイもそこそこおります。そんなところです。

今、事業をやっているところはもっと増えてきたんですけど、大体23カ国。海外売上げ67％。このまいくと7割いってしまうかも分かりませんね。

6つ事業部があるというだけですので、気にしないでください。いろいろなことをやっています。ワールドワイドで見たときに、一応これでナンバーワンですね。4年連続ナンバーワンです、今のところ。敵がどんどん増えてきましたので、これから厳しいと思います。一番ここでSchaeferとかDematicだとかVanderlande。ここら辺は、Dematicというのは実はドイツの会社をアメリカが吸収したので、基本的にはヨーロッパ勢なんです、ここ。日本勢がことここです。村田さん、なぜかちょっと伸びが悪いんです。よく分かりません。

だーっと旗の印を見ていただきますと、ほとんどヨーロッパ勢です。アメリカ勢はほとんどおりません。これもアメリカじゃなくてヨーロッパですのでね。こういう分野はヨーロッパは大得意みたいですね。日本のこの変な会社がちょこっと踏ん張っているというように思ってください。

4．マテハンとは

それでは中身へ入っていきます。マテハンとはということでお話をします。

図1－3で、モノがぐるぐる回っていますよね。われわれはこの消費者というところにおるんですけど、調達係がありまして、生産があって、流通の中へ行って、販売へ来て、消費へ来て、リサイクルに回る。このぐるぐるがずっと回っているわけです。ここに書いてありますように、マテハンはモノを運ぶだけで、人は運びません。ちょっと間違えたアメリカ人がおりまして、ディズニーランドに売りまして、やめろと言って何回言っても契約してしまいまして、ディズニーランドに2カ所ぐらいでうちの設

図1－3　マテハンとは(3)——マテリアルハンドリング

◆ マテハンは、モノが存在する場所に効率化を実現する要素として存在している
◆ 現在、市場と技術の変化を背景に大きく変わろうとしている

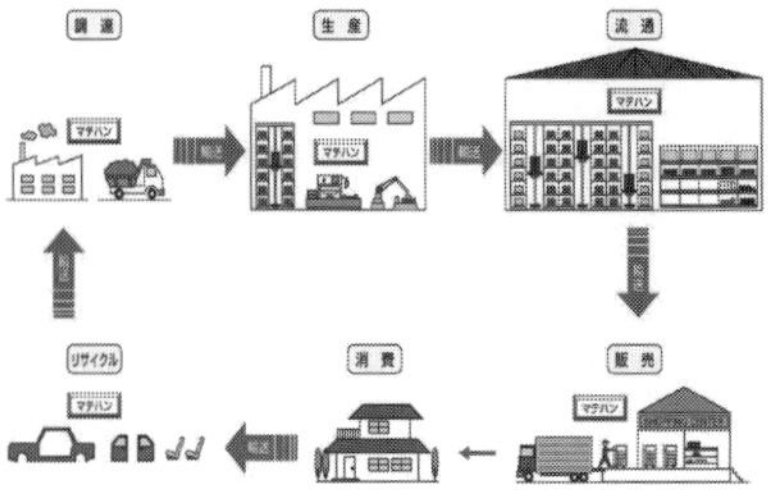

マテハンとは

（マテリアルハンドリング/ Material Handling）

モノを**運ぶ**、**保管**する、**仕分け**る、**ピッキング**する機能をもった物流システム機器と、
バーコード・RFIDをはじめとする自動認識、倉庫管理システム（WMS）等の情報システムを統合（インテグレート）し、工場内及び倉庫・物流センターへ 提供すること。

出典：一般社団法人 日本物流システム機器協会資料.

備が動いています。実際は、日本のディズニーランドは配送センターをやっていますので、絶対に見えません。上にいません。地下にいます。くるくる回るのか何なのかは知りませんけど、それを2カ所をやったみたいです。

あくまでもモノをどうするかというところがポイントでして、そこにあります運ぶ、保管する、仕分けする、ピッキングするという機器が物流の設備の1要素です。1要素ですよ。それにバーコード・RFID、いっぱいありますね。バーコードなんかはもうどこでもありますよね。RFIDはさすがになかなかまだ現れませんですけど、今、経済産業省が4億枚ばらまいてやりましょうとやり始めました。うまくいくかどうかは分からないですけど、そういうようなことが行われるようになってきました。それと同時に、それにまつわる情報システム、ここら辺も加えて工場及び倉庫・流通センターのシステムをつくるということになりますと、物流システムということになります。

最近はほとんど単品じゃありませんので、物流システムというような世界になり始めています。なり始めたんじゃないですね。もうなっています。戦いが物流システムとしてどうするかというところに移っております。昔は単品でよかったんですよ。

図1-4　マテハンとは(4)——マテハンの変遷（マテハンの概念の変遷と方向）

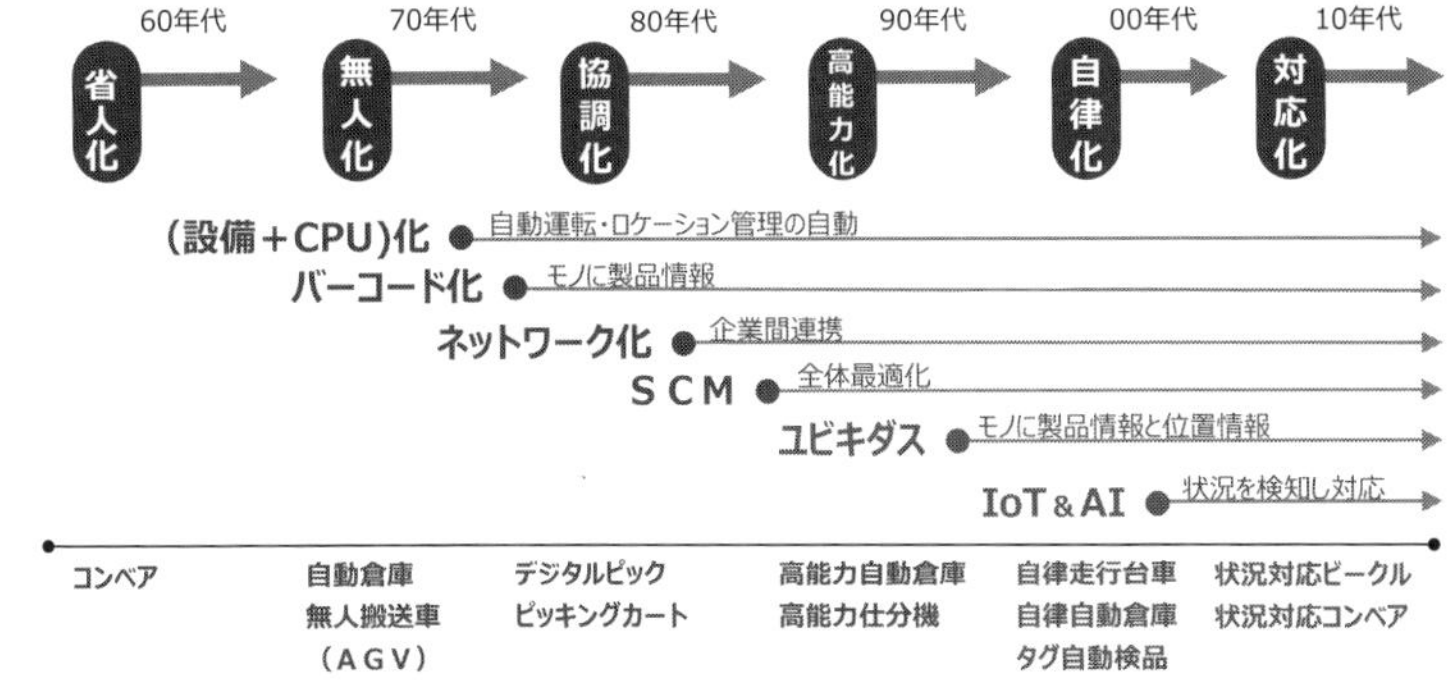

自動倉庫だなと言って、いくらで売ると言っておったのが、今や自動倉庫は1つの要素。それを全体に情報システム、下手を言うとIoTまで絡めてどういう具合にやるかというところが商売のポイントになってきております。

じゃあ、どういう具合に発展してきたか。**図1-4**はマテハンの変遷です。

先ほどちょっと申し上げましたね。ここら辺で港湾じゃ何じゃとあったんですけど、初め60年代、何が始まったと思いますか？　60年代。あなた方はまだ世の中にいないですね、絶対に。いる方を指すと怒られますね。（笑）

受講者　始まった、ですか？

受講者　物流の軸ですかね。

受講者　日本的なものですか？

辻本　ある意味、日本における革命に近いですね。

受講者　自動化ということでしょうか？

辻本　あなたは車は？　要らない？

受講者　車は持っていないです。

辻本　ここら辺でファミリーカーという概念が出始めたんです、日本に。トヨタ、日産が当時の100万円、売値で100万円で作ると言って作り始めました。そのときにうちが引きずり込まれました。来い、じゃないですね。来なかったらどうなるか知らんぞという言い方になってきますね。両社、トヨタ、日産に、それぞれファミリーカーを作り始めましたので、それにラインに入れていきました。

この当時で、1分半に1台ぐらいはそれでも作れるようなスタイルができました。今は大体1分だと思ってください。自動車のラインというのは16時間しか動きません。いろいろなお約束事がありますので、24時間動かせません。組合との関係は自動車労連がなかなかきっちりしておりますから、変なことはできません。16時間を1分、もしくは高い車になりますとここは1分半ぐらいなんですね。そうすると、大体ライン数が何台目というのが分かります。それよりは製造がこれぐらいやっているよねと言ったら、それで割り算するとライン数が逆に出てくるというように思ってください。ここから始まりました。

その次何が起こったかといいますと、コンピューターが現場に下り始めてきたんですね。この当時、まだＩＢＭの３６０という、絶対皆さん知らないと思いますけど、化け物みたいなコンピューター、この教室よりも何倍ぐらいでコンピューターを回しておったような世界です。だけど、だんだんコンピューターが小さくなってきまして、ここら辺でコンピューターが現場に下りてきました。工場の現場。配送センターの現場へ下りるにはもうちょっとかかるんですけど、現場へ下りてきました。これで何が起こるか。定量的に皆さんがものが考えられる基礎が出来上がっていくんです。今までですと勘でこんなもんやないのとやっておったのができなくなります。という世界がここで現れます。先ほど申し上げたバーコード、これによってもっと確実にポイント、ポイントで押さえられるようになってきました。

そろそろネットワークが始まりまして、これは初めは工場の中のネットワークぐらいだったんですけど、外とのネットワークも始まりまして、ＳＣＭという概念が入ってきました。ここら辺からなかなか難しい問題が全部出てきました。

先ほどちょっと申し上げましたように、ちょうどこのころキャッシュフロー会計が日本の中へ入ってきました。そうすると何が起こるか。在庫は悪なんですね。昔の財務会計ですと、倉庫の中の在庫はお金だったんです。こんなにあるから大丈夫だ。今は違います。キャッシュフロー会計ですから、こんなに回転していないものをなぜ持っておるんだという話になります。

そこら辺は皆さんも現実のお話をご存知だと思いますので、ぜひ、もしそういう場面になったらチェックされたほうがいいですよ。日本は非常に甘いですから、この辺。甘いからもうからないんです。正直な話、そうです。私、2、3社、全部在庫の中の分析してあげて、何でこんなに売れないやつようけ持ってんねんという話をしました。あまり言うと怒られますから、これぐらいにしておきます。

いよいよユビキタス、ＩｏＴ、ＡＩというような世界に入ってきました。さあ、これからどうなるでしょうね。ものすごく変化が、こいつらをやろうとしていますからね。まあ、そんなところです。勉強していますか？　目が合いましたね。あなたです。ＡＩの本は1冊ぐらい読みましたか？

受講者　そうですね。

辻本　どう思われましたか？　これ以上は言いませんけど。

受講者　今のは自動車でしたね。

辻本　はい。しつこいですよ。（笑）

受講者　まだ正直どこまでがその領域かというのが判断がつかないなと思います。

辻本　なかなか逃げ方がうまいですね。ごめんね。（笑）

ＡＩについて少しお話をしておきます。正直な話、日本は完璧にもう負けています。どうしましょうね。今日（講演当日）の『日経』にも2面か3面にちょっと出ておったと思いますけど、スターター企業のパーセンテージがアメリカが1番、2番が中国。とととととっと下がって、日本がちょろっと。こういうことになっております。私、今、技監ですので一応技術的なところを調べていろいろなアドバイスを差し上げるんですけど、できればアメリカへ行って情報を取れと言っています。とてもじゃないけど、日本で情報を取っても、使い物にならんとかは言いませんけど、ちょっとどうかなというようなお話を申し上げています。あまり言うと、政府機関からにらまれていますけど、もっとにらまれますので。

なかなか厳しいですよ、本当に。10億円単位で釣っていきますからね。いいやつがおって、確か5、6人おったと思いますけど、みんな10億円単位で釣られてしまいました。年収10億ですよ。ぐらっときません？　年収ですから。ずっとくれるかどうかは分かりませんけど、年収10億で釣られました。釣った1つは分かっているんです。トヨタ。トヨタが、日本につくらなかったんです、拠点を、アメリカへつくりました。そこへ１人、確かかなり優秀な方を釣ったときには間違いなく10億でした。これは日本の企業と言っていいのかなとは思いますけど、拠点は決して日本には置かなかったです。とてもじゃないけど無理だって彼らも判断したみたいです。私も見ておって無理だと思いました。勉強されたらぜひクリアしていってください。あまりしゃべっていると怒られます。

図１－５はポイント的にありますので少しお話ししておきますと、黄色いマークのファナックです。何でも黄色のファナックです。これが作り始めたのが70年代後半から。出来上がったのが82年。この当時はゆったり物事が作れました。こんな大きな、これはもう今はありません、工場を作りまして、エリザベス女王までここへ見に来ました。24時間、３６５日、無人でロボットを作るという触れを出したん

図1－5　マテハンとは(5)――無人化

82年稼働の部品製造工場の例

全体をマテハンでのシステム化を追求

自動工作機・組立機をAGVで結びバファーとして自動倉庫を利用

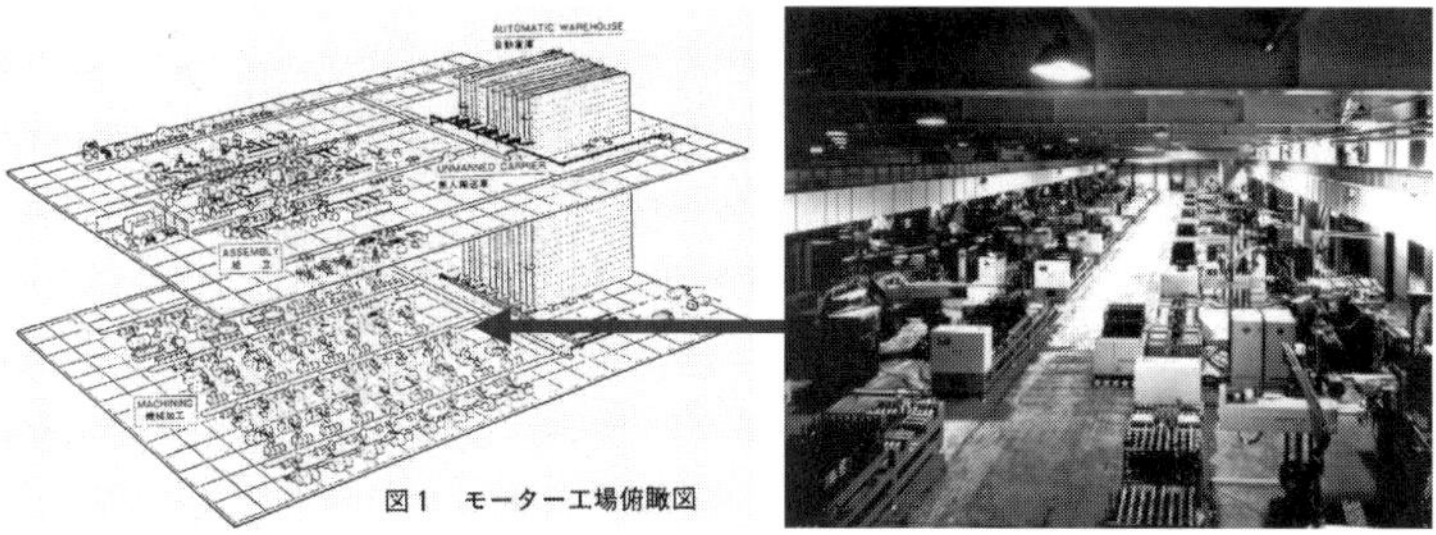

図1　モーター工場俯瞰図

です。今の社長の上の方ですね。今は会長を退かれたかな。そこへわれわれはいろいろなものを入れさせていただいたんですけど。

ばたっと止まります。何で止まると思います？　動いておった途端にぱしゃっと止まる。何でだと思います？

受講者　物理的なものですか？

辻本　物理的かどうか。物理的なことが原因で、物理的でないところで止まります。いじめていませんよ。（笑）

受講者　難しいです。

辻本　工作機械だとかあれは、当然ながら機械というのは壊れるんです。壊れると、この当時のコンピューターの能力、これは82年ですよね、では、このコンピューターより遅いんです。分かります？　だから初めからどう動くって全部計算されているんです。だからここへ持ってきました、その次はこの工程へ行きます、その次はここに行きますと全部書かれているんです。これがぱたっと止まりますと、次の工程がみんなアウトになる。それで止まります。

この当時、名前が富士通ファナックといいました。分かりやすいですね。富士通の子会社だったんです。稲葉さんが富

図1－6　マテハンとは(6)――協調化

91年稼働の部品製造工場の例（製造機と自動倉庫の直結例）

単独システムをコンピュータと人の判断で運用

士通を呼んで、怒ったんです。何を考えとるのや。それで替えるのに半年以上かかりました。要するに並行に動かしては駄目なんです。何か起こったら次どうするということ。そういうようなコンピューターに入れ替えて、まあまあ動くようになりました。要するに24時間、３６５日、何の事故もなしにいけるということで計画は駄目ですよ、皆さんもやるときは。絶対何か起こったときにどうするかということを一次、二次ぐらいまでは考えておかないと駄目です。

私は原子力をやっていましたので、今日、自分の紹介の中で言わなかったですけど原子力をやっていましたので、原子力の場合はダウンしたときに一次的にどうするか、二次的にどうするか。二次的には確実にひもで引っ張れとか、物理的にやるようにするようなことを考えていました。だから皆さんもこれから大きなシステムをお考えになるときは、少しはそういうことを考えておいてください。

反省に立ちますと、こんなことをやります。ばらばらに動かして、その間の調整は人間がやりましょうかという、非常に安易な方向へ走りました。図１－６の協調化です。

しばらく経ちましたら、先ほど言いましたように、高能力化。

図1－7　マテハンとは(7)――自律化

－自律化－

自律とは機械自らが手順や判断基準を見つけ出し、人間が介在することなく実行する事

事例1(カゴ車の例)

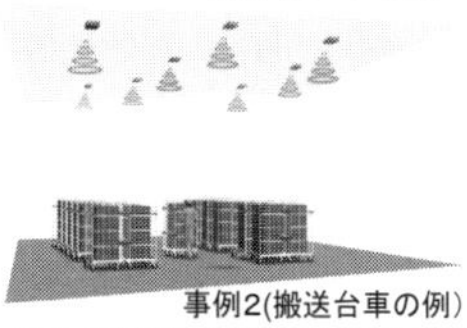

- カゴ車（もしくはワク台車）にRFIDタグを取り付け、高精度の位置検知を実現する技術
- カゴ車のリアルタイムなロケーション管理システムを構築

【特長】・カゴ車が居場所を通知
・カゴ車の移動状況、停止場所をリアルタイムに把握（位置検知）
・倉庫内でのカゴ車移動は自由自在

【効果】・作業者の負担軽減

事例2(搬送台車の例)

台車への制御コンピュータからの指示は　何処に向かへのみで　台車が前の台車までどれほど近づくかは台車自ら自律的に判断して動く。

｛特長｝

どの様に動くかを　そのつど制御コンピュータからの指示がいらない。台車数が増加しても　通信の問題は少なくなった。

【効果】

搬送能力が　1時間当たり１００パレットから２００パレットに増加

キャッシュフローで在庫を持ったらダメだ。ある証券会社がダイフクはつぶれると言いに来ました。いいですよ、つぶれてやりましょうと私は言いました。何をやったかというと、今までの自動倉庫の能力、コンベアの能力、それぞれの能力を思い切り上げていったんです。キャッシュフローじゃなくてわれわれはモノのフローですから、モノのフローをだーっと上げていったら顧客が喜んでくれまして、実は非常に買っていただけました。

　われわれが持っておった機械の1・5倍から2倍の能力を持つようなものを開発をしていきました。そんなところが1つですね。

　それから図1－7の自律化。この技術は今後ＡＩと絡みまして、自律化というのは非常にキーになる技術です。なかなかこれは難しいんですね。私は単なる技術屋ですから、論理的にはすみません、だからどうということをよう言わんのですけど、ここに書いてありますように、勝手に判断して勝手に動くというのが自律化なんです。

先ほど申し上げましたね。怖いですよ。中国にチップがいっぱいおります。中国に頭のいい方がいます。別に中国敵視をやっているわけじゃないので、私もビジネスの状態にばんばんなっていますので、そういうことを言っているんですけど。こういうCPUチップの中にいろいろなことが書き込めます。これがこれからの世界の戦いの一部分です。IoTもその一部分です。自律化を成り立たせているのは、実はこの部分です。誰もこんなことはしゃべりません。しゃべるとやばいんですかね。よう分からんですけど。僕、やばい話いっぱいしゃべりますので、東京湾に5回ぐらい沈んだはずなんですけど、まだ生きています。横浜港とか東京湾のあそこら辺をどうすべきかと提言をしゃべらせて、おまえは危ないぞと言われたことがあります。

つまらん話をもう1つしますね。横浜港はさすがにもう人が足らんのです。しゃあないから自動化してもいいよという旗を揚げます。初めてですね。組合がですよ。組合は、今まで自動化は全部駄目だったんです。それが初めて仕方がないな、もうわしらも六十いくつやから、若い人来ないからやらざるを得んよねという話になってきました。もうちょっと先に考えたら、あなた方は給料はもっと上がったのにと思うんですけど。

神戸の震災後、少し横浜港へ移っていたんですけど、その間に日本がうだうだしておったんですね。じゃあ何が起こったか。中国、韓国、そこにハブ港ができてしまいました。日本はあくまでも支線です。どうするのという話をこの間横浜関係者らにお出ししたんですけど、なかなか難しい話がいっぱいあると思います。

自律ができますと、こっち側は、これはちょっと分かりづらいんですけど、カゴ車にRFIDを付けていると何で自律やねん、自律とちがうと、こう言う人がおるかも分からんですけど、私ここにおりま

図1－8　マテハンとは(8)――変化への対応（高速ビークル）

・高速ビークル
（ISO13482　2014年2月取得：安全に関して）

安全で２００m/分に対応
必要なとき必要な台数で対応
（時間変化、日量変化等）
高速でリードタイム大幅短縮
（実際約２倍の能力達成）

・位置管理技術で平置、ラック管理も対応可能

すってこのカゴ車はしゃべれるんですね。ぱっと電波を投げると、私ここにおります。じゃあどう取りに行きましょうという話ができます。

これは台車ですけれど、台車がぐるぐる回っていると考えてください。前ですと、この台車1台1台に上から指示を投げておったんです。おまえこう動け、ああ動けって、うるさい上司みたいなのでやっておったんです。あまり言うといかんかな。

だけど、このときに初めて、自律分散という言い方ですけど、自律化しまして、フロム・ツー、どこからどこへというのは上から投げます。あとは全部自分で判断しなさいと。走っていって、ぶつかりそうになったらぴっと止まるというようにしました。ここに書いてありますね。アバウト1時間当たり、ぐるぐる回るやつが１００パレットから２００パレットぐらいに増えていきました。ここら辺はその制御だけの問題じゃないですけれど、こういう具合に能力を上げていきます。これはぎりぎりまで追い掛けますと、時間３２０～３３０までやったことがあります。

図１－８は60メーター毎分というスピードの制限があったやつを一応外して、安全をどう担保するかということを開発した

図1-9　マテハンとは(9)——変化への対応（AGV）

AGVがムービングロボットとして多様な変化をしている

AGV+ピッキングロボット　　ソーティング ＡＧＶ

やつです。これの延長ではありませんですけど、それに近くて、**図1-9**を見ていただけますか。ＡＧＶってオートマティック・ガイド・ビークルというんですけど、今はだんだん皆さん、ムービングロボットと言い始めました。ムービングロボット（ＡＧＶ）。ＡＧＶと付けておきませんと、ＩＳＯが違いますので、ＩＳＯがロボットのＩＳＯになりますとかなり面倒くさい安全が付いてきます。ムービングロボット（ＡＧＶ）で、ＩＳＯはロボットじゃないですよ、ＡＧＶですよと言えば、割と楽なようになっています。

　これはピースピッキングをやっているやつですね。白いところにカメラがありまして、あれがタグですね。あれ1個取れ、あれ1個取れという具合に、これは複数個を一遍には取れませんので、そんなやり方をやっているやつです。これは実際走りますので。止まっていると1時間に1100個、3秒ぐらいですかね。走り出しますと、これが6秒とか8秒ぐらいになると思うんですけど、そんなところに使われるようになってきました。まだまだですけど、これからです。これはアメリカで開発されたやつですね。その次。

　これは中国語で書かれています。中国がかなりのお金を掛けてやりました。日本でいう私企業に近いんですけど、どれぐらい政府の金が入っているかどうかは私どもは分かりません。やっていることは、われわれがやっていたことを全部やっています。きちんとやっています。それの信頼性がどれぐらいかとか、それは画面だけでは分からないですけど、中国もこれぐらいのことを平気でやれるようになりました。

中国と日本、もしくはアメリカと日本の開発の大きな考え方の違いってどこにあるかご存知ですか？

受講者　アメリカのほうが企業も大きくないですか。日本は小さいですけど、ちょっと弱いイメージがあります。

辻本　品質のところで述べましたように、日本って100％と言うんです。100％の開発なんかないですよね。そこら辺は非常に厳しいです、開発にとっては。そのほかにいろいろと違いがありまして、そのほかに何か思い当たる点はあります？　何かありますか？

受講者　品質以外ですか？

辻本　品質以外でありますか。なかなかないかな。これは多分合っています。アメリカと中国は非常によく似ているんです。取りあえず「やってみなはれ」なんです。失敗したら直したらええやんというのが彼らです。日本は一生懸命たたいて行けるって走らせたら、よくあるのが年寄りが文句を言う。僕は政府の会議に行ってもかなり攻めますので、本当に東京湾に何回も沈む人なんです。

私はドイツに仕事でかなり出張し、住んだわけじゃないですけど行って一番思いましたのが、会議のやり方が全然違います。開発だけでなくて。ほかの会社は知らないですけど、例えば会議1時間と決めると、1時間で絶対終わりですから。議長をこの係長と決めたら、彼がすべての権限を持ちます。役員がどうの部長がどうのって関係ないです。そのときは係長が全部持って話をします。まとめはそのリーダーが全部まとめる。できていなければ、宿題として渡します。それもリーダーの役割です。そこら辺は効率がものすごくいいです。そこら辺が大きく違うと思います。

生産性革命だとか何じゃら革命だとか言っていますけど、そういうことをちゃんと政府は調べたのかいと思いますね。今の確か稼働時間が、年間1600時間ぐらいにちょっと増やしたはずなんです。1400時間ぐらいのをあまりにも働かなさすぎじゃないと言って、ドイツ政府が200ぐらい増やしたと思いますけど。そんなことですね。

私は一緒に働いておって何が起こるかというと、契約を全部するわけですね。あなたは今年これをやってください。契約します。何月何日までにこれをやると大体タイムスケジュールがありますから、終わると3時ぐらいにみんな帰ります。契約はあくまでもそれをやることに対する契約ですので、時間に対する契約ではありませんので、そんなことが起こっておりますね。

この「やってみなはれ」というのは非常に怖いですね。この間アメリカがちょっとどじりましたですけど、自動運転で人を殺してしまいましたので。あれは「やってみなはれ」だけじゃいかんと思うんですけど、それでも彼らの考え方はもう一遍考え直したらいけるわいというようなことでやっております。

5. 物流の発展と変遷

今まではどっちかというとハードウエアに近いところのお話を申しましたですけど、物流そのものは世の中でかなり変遷しているんです。それがどう変遷していったかというのを、図1-10で年表と同時に書いてあります。

まず「物的流通」って、私らはそんな話で聞いていたんですけど、その次に「物流」という話が出て

図１－10　物流の変遷(1)――物流の変遷の年表

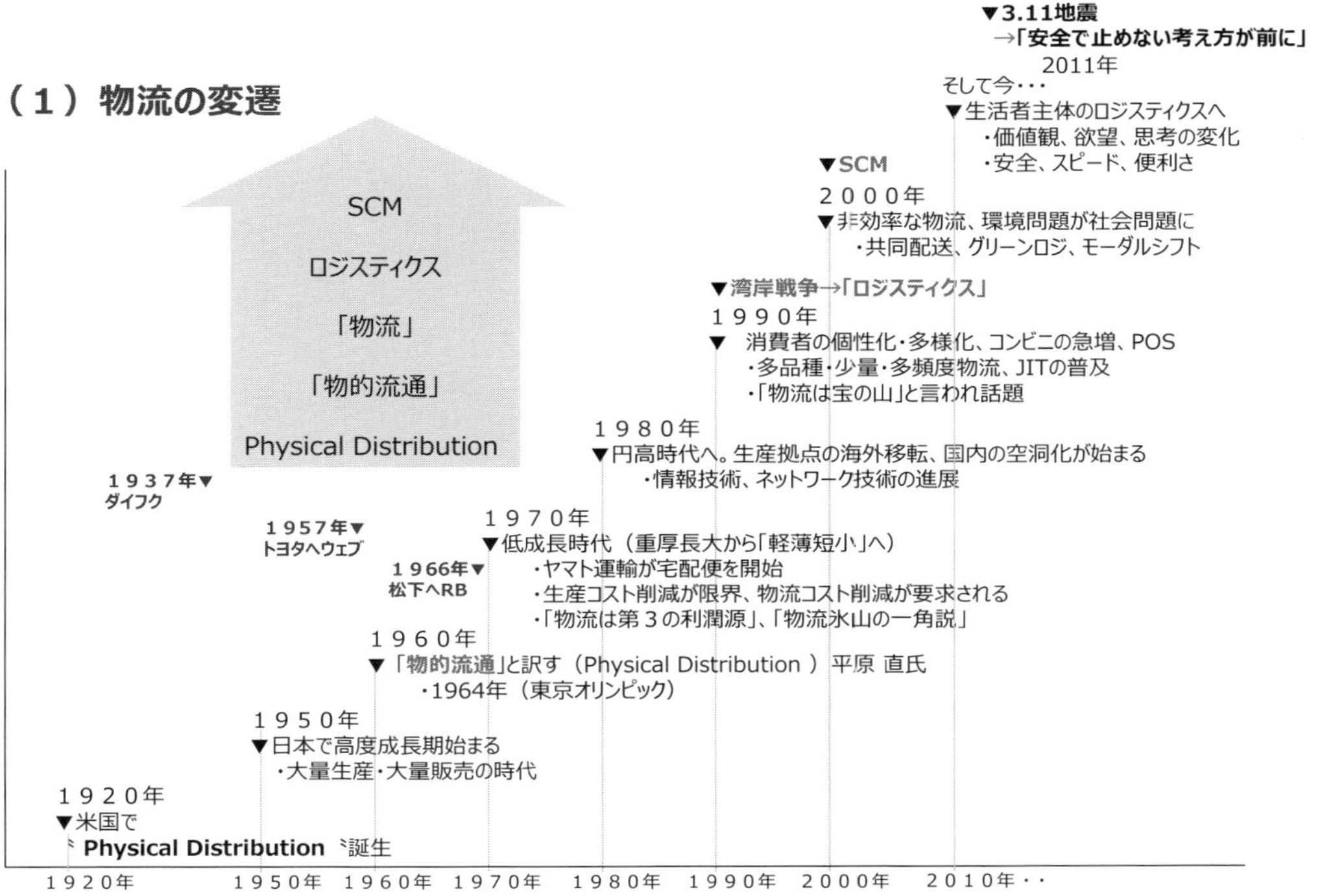
（１）物流の変遷
SCM
ロジスティクス
「物流」
「物的流通」
Physical Distribution
１９２０年
▼米国で
〝Physical Distribution〟誕生
１９３７年▼
ダイフク
１９５０年
▼日本で高度成長期始まる
・大量生産・大量販売の時代
１９５７年▼
トヨタへウェブ
１９６０年
▼「物的流通」と訳す（Physical Distribution ）平原 直氏
・1964年（東京オリンピック）
１９６６年▼
松下へRB
１９７０年
▼低成長時代（重厚長大から「軽薄短小」へ）
・ヤマト運輸が宅配便を開始
・生産コスト削減が限界、物流コスト削減が要求される
・「物流は第３の利潤源」、「物流氷山の一角説」
１９８０年
▼円高時代へ。生産拠点の海外移転、国内の空洞化が始まる
・情報技術、ネットワーク技術の進展
１９９０年
▼ 消費者の個性化・多様化、コンビニの急増、POS
・多品種・少量・多頻度物流、JITの普及
・「物流は宝の山」と言われ話題
▼湾岸戦争→「ロジスティクス」
２０００年
▼非効率な物流、環境問題が社会問題に
・共同配送、グリーンロジ、モーダルシフト
▼SCM
そして今・・・
▼生活者主体のロジスティクスへ
・価値観、欲望、思考の変化
・安全、スピード、便利さ
▼3.11地震
→「安全で止めない考え方が前に」
2011年
１９２０年　１９５０年　１９６０年　１９７０年　１９８０年　１９９０年　２０００年　２０１０年・・

きまして、その次にロジスティクス。ロジスティクスが一番有名になったのは。ロジスティクスは何で一番有名になったと思います？

受講者　有名に？　何ですか？

辻本　日本の新聞を賑わした。生まれていなかったか。湾岸戦争ってありましたよね。アメリカ軍がうわーっと砂漠の中へ行ったやつ。実はトルコへ荷揚げしたんです、どばーっと。トルコ政府はノー。それから泡を食って船で別のところへ持って行ってやりました。このときにものすごく早くやったものですから、そういうことを日本の新聞がロジスティクスという名前を使いました。

そのときに、日本の新聞もＲＦＩＤをちゃんと書いておけばいいのに、あれは40フィートのところにこんなでかいタグを付けてあるんです。私ここにおりまっせというのが分かると、この中身何というのが全部分かっていますから、だから取りあえず要らないやつは置いておいて、要るものだけ持っていけというようにやったみたいです。そんなところで、日本の中でロジスティクスという名前が広がったのは、そこからです。湾岸戦争と書いてありますね。

いよいよ先ほどのＳＣＭが出てきまして、今やもっと先へ行こうとしています。まだまだここら辺、日本でご研究されている学者の方がいらっしゃらない。ましてやマテハンなんて研究している方は誰もおりませんので、私ら悲しいかな、自分で全部作るという、どこかの引用ができないという情けないことなんですけど、そういうことです。

こういう具合に来ますと、範囲がどんどん変わっていくんです。**図１－11**に示すように、初め、自社の生産の端から販売の端ぐらいまでが物流だった。それがロジスティクスになりますと、自分のところの範囲は全部見ましょうかというようになってきました。今やサプライチェーン・マネジメントという

図1－11　物流の変遷(2)――物流領域の変化

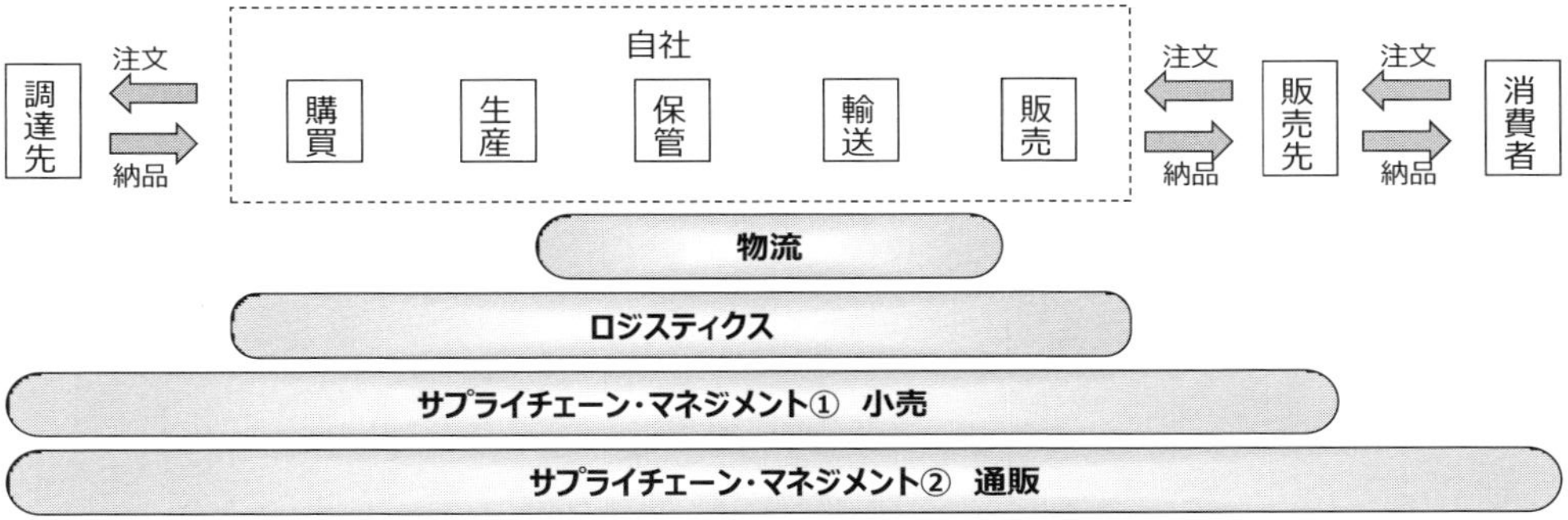

物流	企業内の流通活動のうち、物の移動と保管を統合した概念 輸送、保管、荷役、包装、流通加工から構成
ロジスティクス	企業が行う原材料の調達から販売までのモノの流れと、それにまつわる物流全般を管理 自社の「企業内物流の最適化」を目的としたもの
SCM **サプライチェーンマネジメント**	原材料などを供給するサプライヤーや販売先の流通・販売業者などまでを、サプライチェーンという商品供給の一つの過程と見なし、 その全課程を一気通貫して最も効率的に管理しようとするもの

ことは、端から端になってきます。なるのは簡単です。これをどうシステマティックにつくり上げていくか、これは非常に難しい課題だと思います。当然ながらいろいろなバランス上におりますので、勝手にどこかをいじりますとどこかが必ず動き出しますので、ここら辺、これから皆さんがやられるときはよくよく注意をしてやっていただきたいと思います。

物流構造そのものが図1－12のように変化してきました。これ、全部日本の中に残っています。なくなったわけではありません。この一番上の一次卸から何次卸まであるかは別にして、これで物が届くというパターンと、小売の専用センターがあって物が届くというパターンと、eコマースでやるというパターン。この3つが日本の中に混在しております。

なかなか一番上がなくなりません。非常に効率が悪いんですけど、それでもいいやというのは銀座の飲み屋ぐらいだと私は思っているんですけど、銀座の飲み屋さんは一番上です。そこへ持っていく酒屋さんは、その銀座の店のキーを全部持っています。何時何分にこれ持ってこいって電話がかかると、はいはいと言って持っていっています。御用聞きのもっと前へ行っているやつです。それは私はいいよ、どうせ高い酒飲むんだから少々高くてもいいやと思いますけど、そうじゃない方がまだかなり残っています。

真ん中はかなり増えてきましたね。イトーヨーカドーも昔は専用センターなんか作るかいと言ってやっておったのが、センターを作り始めました。大手どころはほとんど作りました。いよいよ次の世界へ入らないといけないようにここがなってきました。これが今はやりです。だけどパーセンテージで言いますとそれほどまだ来ていないんですけど、皆さんも買いますし、マスコミが騒ぐからそうなっているんだと私は思っています。

図1－12　物流の変遷(3)——物流構造の変化

物流からロジスティクス、SCMへと変化する過程において、日本の流通構造が大きく変化
それを支える物流も変わる

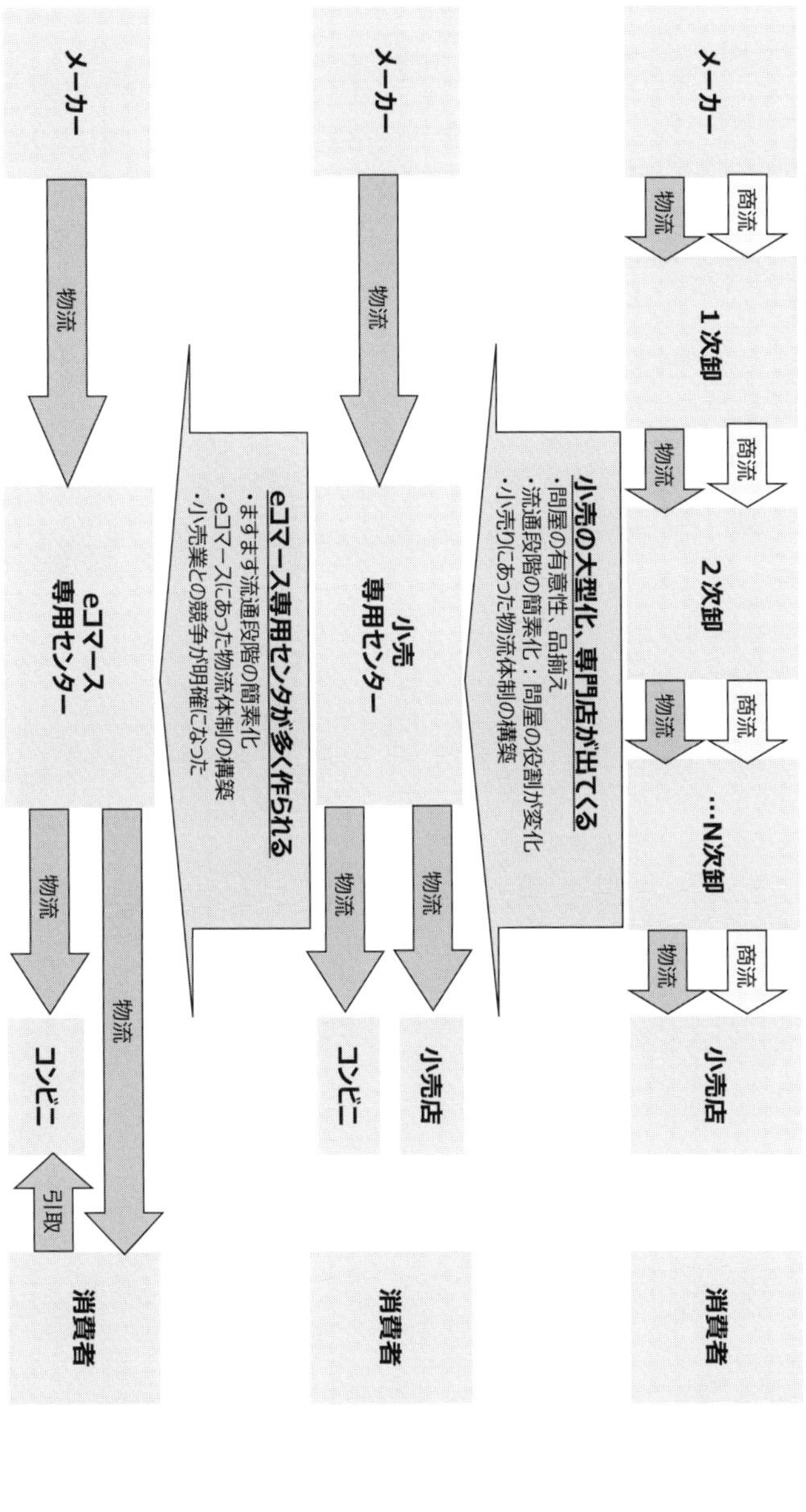

天下の雄のウォルマート、アメリカでどこかに負けてなるものかといってやっています。かなり金を掛けました。利益率を落としました。昨年かな、利益率を落としました。それでも、日本の小売業に比べると何倍もの売り上げをやっています。三十何兆やったかな、50兆になったかも分かりません。すみません、私がお付き合いしたときは15～16兆やったので、かなり大きくなりました。

全米にこんなのです。今、もっと増やしています。要するに、ちょっと取りに来てもいいよというようなことからチャレンジにしております。これは金がないとできないんですね、とてもじゃないけど。完璧に戦おうと思っていますので、さあ、どうなりますかね。分かりません。うちは両方ともお付き合いしていますので、どうなるかなというぐらいでやっております。

もう1つがアマゾンですね。皆さんもテレビで見たことがあると思いますけど、台車がこちゃこちゃ動いていますね。大体1システム500台とか言われています。これはキバというシステムなんですけど、会社ごと買ったんです、彼らが。いくらで買ったと思います？　日本円で。

受講者　1000億ぐらいですか？

辻本　そこまでしなかった、たかがこんなので。それでも400億です。400億で会社ごと買いました。分析しました。くその役にも立たないと言って全部たたき壊して一から作り直して、400億掛けました。ということは800億掛かっています。それぐらいの決断力を持った連中です。すげえなと思いました。400億で買っていって、これは無駄だと言って。中身は少々は分かっていたと思うんですけど、要するにきっちり動かん、自分らのニーズに合わんというので、自分らのニーズに合うようにつくっていきました。それで今、1万5000台とか2万台とか言われています。500台動かすには、先ほど申し上げた武器でやりますから、要するにいちいち指示を出さずにそれぞれが判断しながら、台車が賢くないと駄目です。

多分それ以外にもう少しいろいろなことを中へ入れていると思います。私はそこまで解析する能力がありませんので、やっていません。よく似たやつがいっぱいありますので、お気を付けください。全然能力が違うと思います。あまり言うと怒られます。そういう話ばかりしています。(笑)

今、ここで人が取っていますよね。これを何とかロボットが取りたいよねというので、何年目かな、ロボットコンテストをやっています。日本も学者はじめ何社も出ます。ことごとく落ちます。1、2、3位におりません。それが情けないんですけどね、僕らから言いますと。要するに世界で戦えるようになってくれと思います。

次が、**図1－14**のアパレル製造小売業です。今度は女性に当てないといけないので。女性はずっと当てちゃったな。あそこに女性がおった。ＺＡＲＡってご存知ですか、そこの方。ＺＡＲＡってご存知ですか。

受講者（女性）　知らないです。

辻本　買ったことあります?

受講者（女性）　ないです。

辻本　じゃあお金持ちなんだ(笑)。ここのポイントって何かって、そんなに高くはないけどみんなが持っていないようにする。ワールドワイドで1000着ぐらいしか作らないんです。1000作って世界にばらまいたらどうなります?　絶対分からないです。そんな状態を彼らはつくります、平気で。

もっとすごいのはこれです。売り上げがすごいんじゃなくて、ここ。在庫回転率が10回転。12回転で1カ月に1回です。ということは、1点何カ月に1回在庫が回転していると考えてください。それには

図1-14　サプライチェーンの考え方で利益に影響（3社比較、2016年）

	売上高	在庫回転率	営業利益率
・ファーストリテイリング（ユニクロ）	1.8兆円	6回転	10%
・ZARA	2.4兆円	10回転	20%
・H&M	2.2兆円	8回転	17%

先ほども申し上げましたどんと大量に作るなんていうことはせずに、1000ぐらい作ろうかなとやっているんです。少ないのになると、もっと少ないんです。どんどん同じものを作ろうなんていう概念は彼らの中にはないです。ここに書いてありますように、営業利益率20%。すごいですね。これは別にユニクロを批判しているわけじゃなくて、数字としてこうですというぐらいに見てください。ユニクロも今頑張っています。

あまり言うと怒られますのでこれ以上言いませんけど、基本的にはやはりこれはすごいんです。何がすごいかというと、ロットが非常に小さい。それだけじゃないです。この中を見てください。日本はエアーで飛んできます。船で来ると1カ月かかりますね。これはスペインですので。1カ月の在庫が寝ることになります。彼らはすごく計算したんでしょうね。ぴょんと飛ばします。通関を合わせても2週間かからないでしょう。となると、在庫の回転が非常に良くなるというように踏んだんだと思います。品質管理だとかいろいろあるんですけど、そんなところが非常に大きなポイントだと思います。

実際にハンガーものですね。ハンガーに吊らせて、全部これは仕分けをやっているんです。自動です。最後に入れるところは人間がやっていますね。この箱に何を入れたかということは全部分かっています。もう一度ＲＦＩＤで読んでいます。

ここら辺がポイントですね。何がポイントか。これで終わります。店の中も同じことをやっているんです。店へ入ってくると、この箱に何が入ってきたよと来るので、もう一遍ぱっとＲＦＩＤを箱の上からやるんです。そうすると全部取れるんです。在庫として置かれていたやつが、店舗として売れたら出していく。もしくはこの中にあるのは、女性がミニスカートで、彼女はＭサイズが欲しいと言っている。店舗に置いてあったのはＬサイズだったみたいですね。Ｍをすぐ持ってきて、売れたよというようなことをやっています。そんなことで。

ＲＦＩＤをここまで使い倒したのはそんなにないですね。日本の場合何を言い始めるかって、私はＲＦＩＤを使い倒した1人なんですけど、こういう理由でできないと言う専門屋が山ほど出てきます。おまえらは売りたくないのかと言いましたですけどね。なぜ。こんなに固めて置いたらきっちり読めない。読めるように考えたらと僕は思うんですが、読めないから駄目だ。要するに、これだと合わせても進まないんですね。段ボールなんかがだーっと積んでありますから。最近、何でもあの中にいっぱい入っている。こんなの読めるわけがないと始まるんです。

これでは、日本の技術が全部止まってしまいます。それにチャレンジしないといけないと思います。私はもう年ですのでそこら辺のチャレンジしませんけど、前ＲＦＩＤが世の中に一番初め、1億5000万掛けて、全然違うものですけどもやりましたですけど、これはかなりテストをやったら99・99％まででオッケーです。彼らが言っていた、できないということをことごとく打ち破ってやりました。難しいのとできないをイコールにするんですね。皆さんも専門屋にだまされないで。難しいことをできないと言いますから。あまり言うと、今度はどこになる、仙台湾かね。いろいろ沈められる。（笑）

皆さん、専門家に頼むときは自分のフィルターを持っていてください。何でできないんやということを追及して、ほんまに駄目だと言うたらその専門屋をぽいしてもいいです。あまり言うと怒られますけど。実際のところそうですね。リスクを踏もうとしないんです。こっちがリスクを踏むと言ったらやります。私がリスクを踏むからやるぞと言ったら、彼らはついてきます。そんなところですので、ぜひ新しいものにチャレンジするときは、そんなところも注意しながらやってください。あまりもう時間がないので。

6．今後の方向性

今後の方向性を少しだけお話ししておきます。

これは一般論でよく出ているんですけども、要するにモノがどんどん減っていますよ。だけど1トン当たり運ぶ量がどんどん減っている、そんなの当たり前ですね。eビジネスが出たらこうなるんです。クロネコヤマトがくちゃくちゃになりましたね。実は銀行がうちと同じなんです、クロネコヤマトと。要はぐちぐち言いに来たんです。もうやめちまえと言ったんですけどね。3つもでかいセンターを作ってしまいましたものですからようやめなかったんですけど、やっと売り上げをあげるということで戦いが今。それでもなかなか苦しいですね、見ておって。

日本の人手不足というのは、もう現実に当たり前の話です。生産性が低いのも当たり前の話です。アメリカの半分ぐらいです。学者の先生がこう言います。日本の品質とアメリカの品質が違うからこんなに違うんだと。うそです。私はウォルマートと仕事をしましたですけど、そんなくちゃくちゃな仕事はしません。要するに、品質というものをどこで定義するかです。先ほど言いましたね、95％でいいよと言うのか、100％まで追求するのか。これでお金がべらぼうに変わります。ここら辺を明確にせずにそういうことを言われる学者の方に思い切りかみついたら怒られました。かなりお偉い方でした。そういうことですね。

それぞれやることは、今後たくさんあります。皆さん、どういうお立場か知りませんが、ここら辺は言っておきたいですね。パレットサイズ、日本はくちゃくちゃです。それと、トラックサイズもくちゃくちゃです。ＪＩＳはあります。だけど、勝手にみんな作っています。となると、標準的な世界が出来上がっていきません。データも同じです。だからものすごく効率が悪くなっていきます。皆さんも、今後いろいろお仕事をされるときはそういうところを考えてやっていただきたいと思います。技術的には対応をやっていけると思いますので。

政府は図1－15のように言っています。２０３０年、何とか全部自動化でやりたいかなと言っているだけで、具体的にまだなかなか進んでいません。羽田でちょこちょこやっているだけです。本当にうまくいきますかね。なんて言うたらいかんですね。図1－16のサプライチェーの進化は読んでおいてください。

図1－17の通信システムはものすごく大きな技術ですので、時々気を付けておいてください。５Ｇです。皆さん、携帯をお持ちですよね。普通４Ｇです、今。それが５Ｇになります。５Ｇになりますと通信スピードが飛躍的に上がります。飛躍的に上がると、いろいろなことが無線でつながるようになります。われわれで言いますとＩｏＴだとかセンサーが勝手につながっていくという世界が出来上がっていきます。そこら辺はいろいろな意味で変わっていくと思います。

かなり遅れていますね、見ていると。やっている方々に聞くと、口でもってはっきり言わないんです。何が困っているのかということすらも言いません。だけど、オリンピックまでにこれの一部分は確実にやらないといけませんので、国として約束しましたので、ここら辺は必死こいてやってきて、これが出

図１－15　今後の方向性⑴――2030年ロードマップ

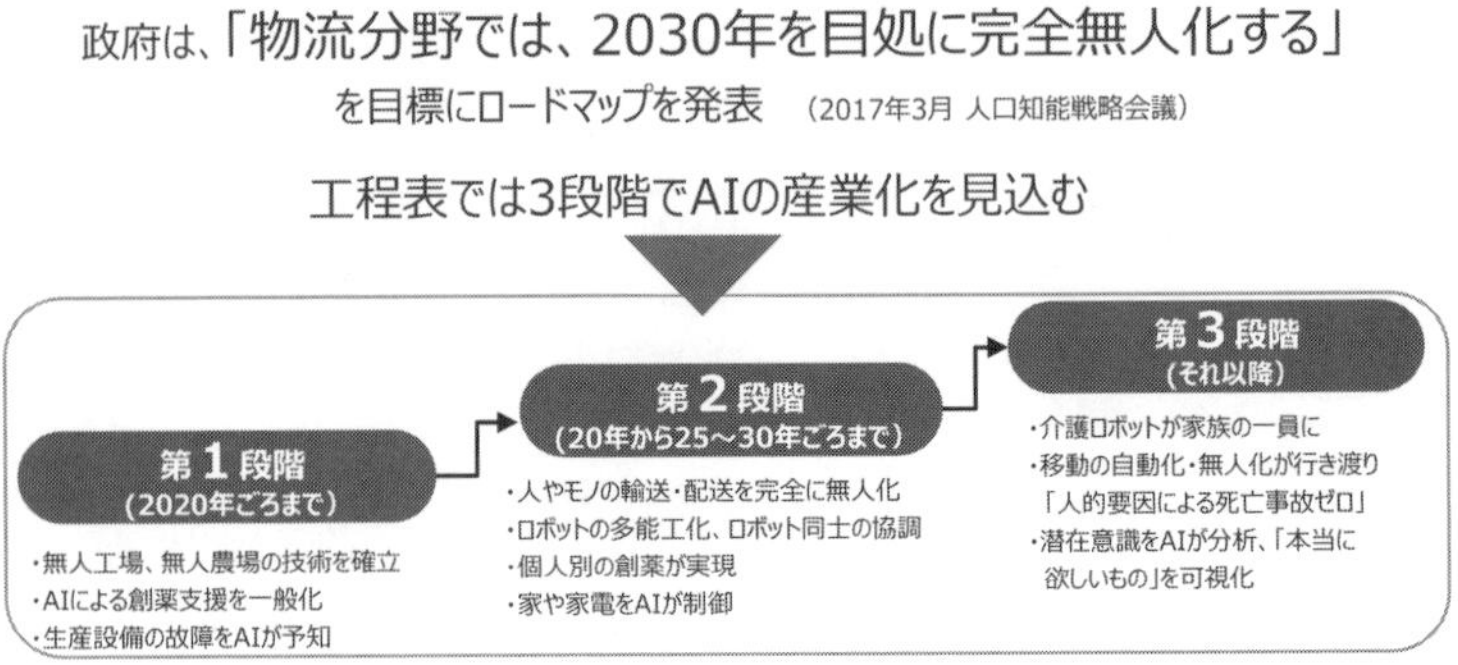

図１－16　今後の方向性⑵――サプライチェーの進化

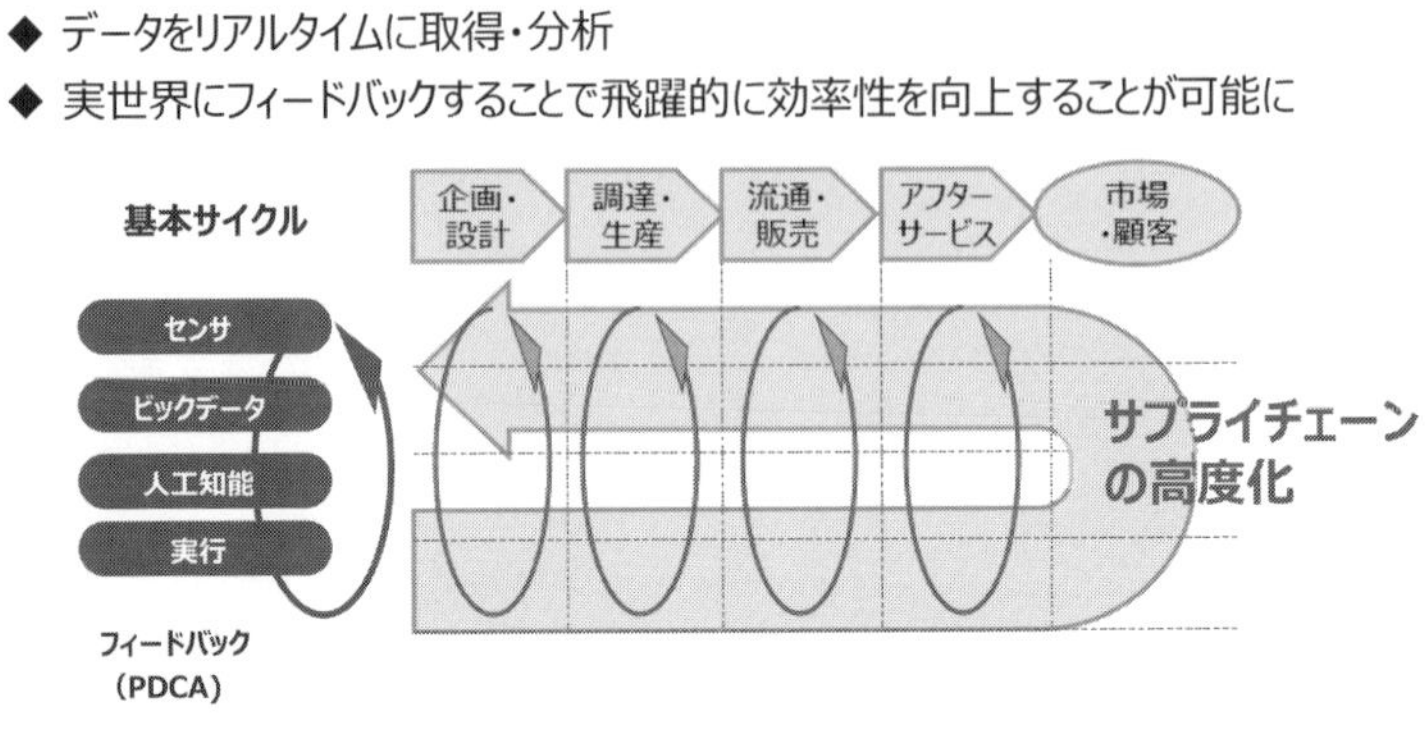

図1－17　今後の方向性(3)――通信システムの進化

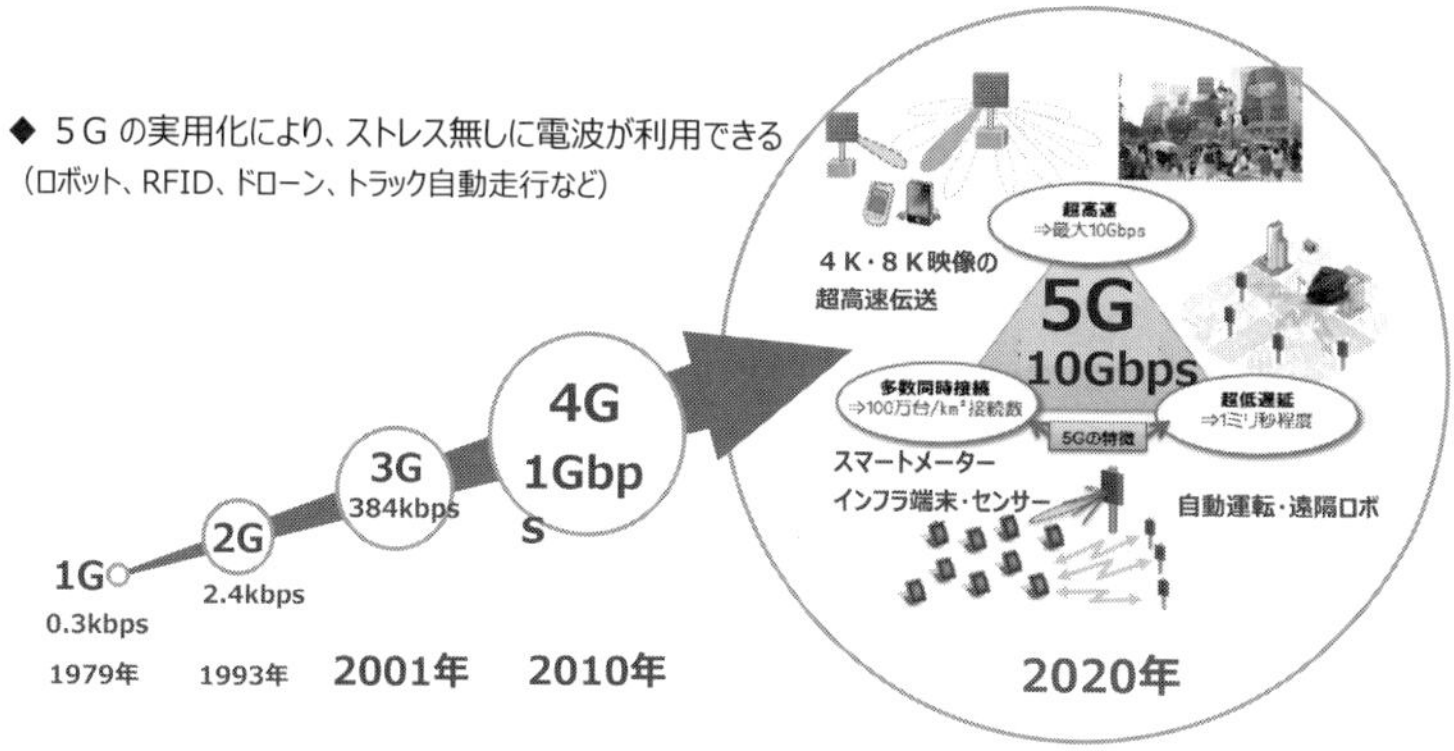

来上がっていくと、急にはなりませんが、だんだん生活がこれによって変わっていくと思います。

あと、ロボットがいろいろなところへ現れております。ちょっとだけお見せします。図1－18は薬屋でやった例なんですけど、ピースピッキングのロボットが16台、あとケースが3台かな、全部で20台ぐらいロボットがおります。このモトコンというのは薬で言うケースです。こういうロボットで大半をやりまして、100％まだ全部が出来上がっていないです。今度新しいセンターは、このとき取れる対象が約8割弱だったのが、今度9割弱にしようとしています。そうすると大半は何とかなるかな、そろそろ苦しくなってきたなというような感じです。

ロボットにつきまして、もう1つだけ述べておきたいんですが、人共同ロボットというのが、口で言うほど日本では広がりません。先ほど申し上げました、安全100％と言われたら誰も売りません。ドイツのロボット屋2社に嘆かれました、何で売れないんでしょう。こういう理由だと言ったら納得はしていたんですけども。テストはちょこちょこ始まっておるんですけど、ここら辺に対する考え方をどうするかと、

図1－18　今後の方向性(4)――ロボットの進化

別に政府は何の見解も出さないですから。そんなところです。だけど100％はあり得ませんので。95％は危なすぎます。99・5％ぐらいで、その場合は止まるというようにすればいいのではないかと私は思っています。要するに動かないようにしてしまえと。それから直してはい、スタートというようなことを考えないといけないかなというように思っております。

図1－19にばーっと並べてありますけど、これらがどんどん進んできますと、自動化そのものがＡＩの世界とロボットとＩｏＴが絡みまして、いろいろなことが行われていくだろうと思います。アメリカがどう考えているかって、時々ワシントンのリポートが私の手元に届きますので見ていますと、全然違いますね。やっぱりロボットに関しましても。

例えば2020年、25年、30年。25年、もうじきです。何か新しいものができた、それをロボットで今までのラインを変更して何とかしたいねというときに、24時間以内にそれが変更できるようにわれわれは作ろうというのがアメリカの考えだったんです。2025年は、先ほどは24時間でしたね、8時間でやってしまえ。30年は1時間です。変更が何か起こったら、30年は私は生きていないかも分からんですけど、1時間でラインの変更ができるよう

図1－19　今後の方向性(5)――ロボットとAI

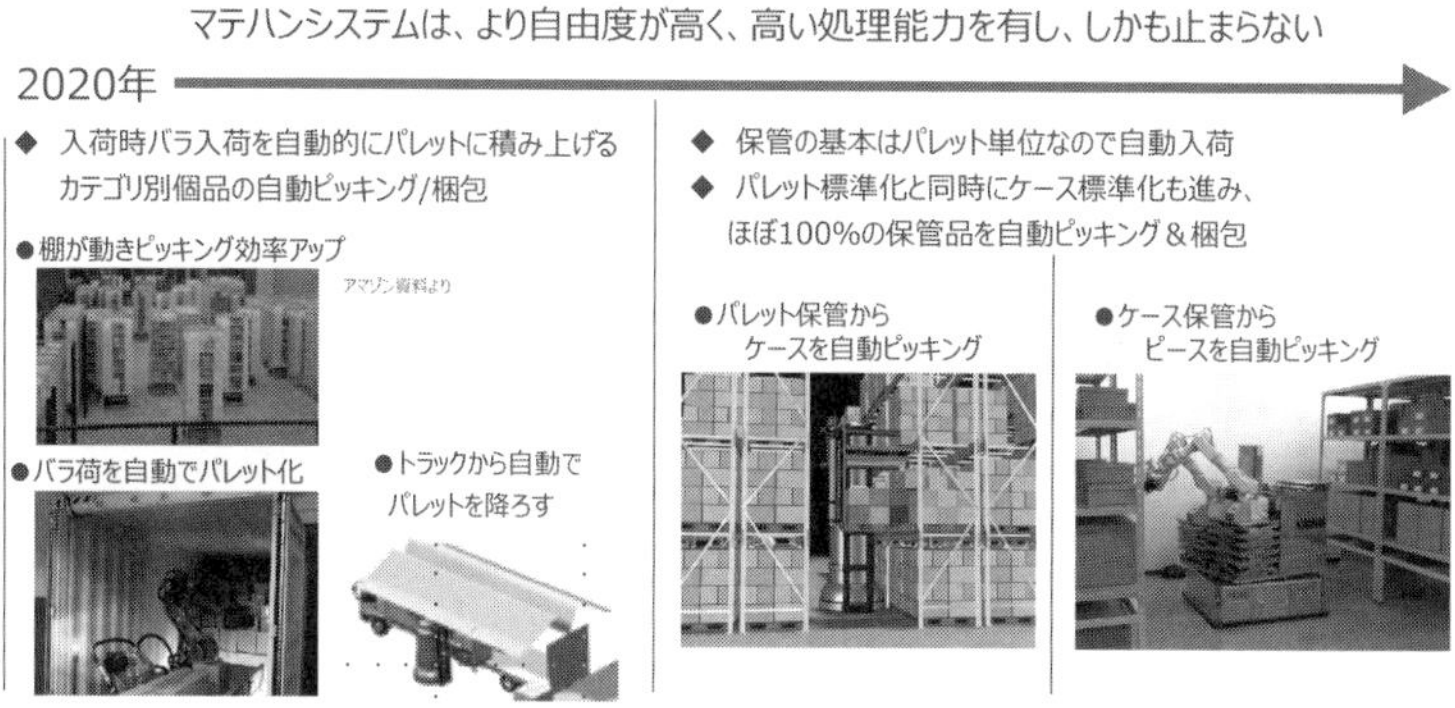
マテハンシステムは、より自由度が高く、高い処理能力を有し、しかも止まらない
2020年
◆ 入荷時バラ入荷を自動的にパレットに積み上げる
カテゴリ別個品の自動ピッキング/梱包
●棚が動きピッキング効率アップ
アマゾン資料より
●バラ荷を自動でパレット化
●トラックから自動で
パレットを降ろす
◆ 保管の基本はパレット単位なので自動入荷
◆ パレット標準化と同時にケース標準化も進み、
ほぼ100%の保管品を自動ピッキング＆梱包
●パレット保管から
ケースを自動ピッキング
●ケース保管から
ピースを自動ピッキング

出典：日立製作所資料.

に考えろというようにやっています。

何が大きく違うかといいますと、ロボット本体がありまして、この上に通信層というのが2層あるんですけど、これは上もそうで、SCMと絡んでいるやつです。これは工場の中をやっていると。この2つの通信の層につきましては、アメリカはスタンダードを決めているんです。これでやれ。ここから下は自分らの力でいろいろなものを開発しろと言っています。全部が全部同じようにはできないですから、この2つは規格として決めるけど、あと下はすべて自らで考えろと、頭を出せと言っているんです。ここら辺がやはり日本の開発との大きな違いです。

図1－20は皆さんご存知の、トラックが自動で走ります。今、羽田の近くでぐるぐる回ってテストはやっています。そのうち高速道路が間違いなくそうなると思います。日本の市街はなかなか危なくて、今のところは難しいと思います。ドイツはちょろちょろテストしています。街の作りが違いますので、コーナーは確実に切ってありまして、向こうが見えるところ、そういうところが確実にできています。日本はできていないと。本当に向こうに何おるかと、別のことで見ない

図1－20　今後の方向性(5)――トラックの自動運転（米国）

◆ 米国で公道でのトラックの自動運転が始まった
◆ まだまだテスト段階であるが、長距離ドライバの負担軽減と人手不足に対応できる技術である

出典：独ダイムラー資料.

といけないですね。車自身が見られないですから。そんなところもどう今後やっていくかということだと思います。

最後ですけど、図1－21に書いてあることは単純でして、向こうで起こったことがこっちへだーっと流れてきまして、それをAIとIoTでやっていきます。書くのは簡単。これどうするのというのは、私の時代じゃなくて、あなた方の時代が考えていかないといけないことだと思います。

これは付けていないんですけど、本日のポイントを3ポイントにまとめてあります。1つ、マテハンは初めのほうで申し上げました、サプライチェーンの時間を管理する、スピードアップする、それから生産性向上をする、品質向上を確保するという有効な手段です。あくまでも手段です。アウトプットを置いていきますから、ちょっと部数が足らんかったら後でコピーしてもらってください。

このことにより、コスト、財務会計は違いますよ、管理会計上明確にできまして、サプライチェーンをコントロールして利益コントロールができるようになります。ここら辺が非常に大きいと思います。何となくできたわというのは、実は利益管理できないんです。こういうことで、こういう利益が生み出されたというと

図1－21　今後の方向性(6)――IoTとAIによる変革

◆ 消費の変化を柔軟に捉えることで、生産計画のタイムリーな対応が可能になる
◆ 輸送、配送は、AI技術により自動化が大きく前進する
◆ マテハン設備もIoTの利用で稼働率が上がり、また、AIの利用で自動化が可能な状況が訪れる

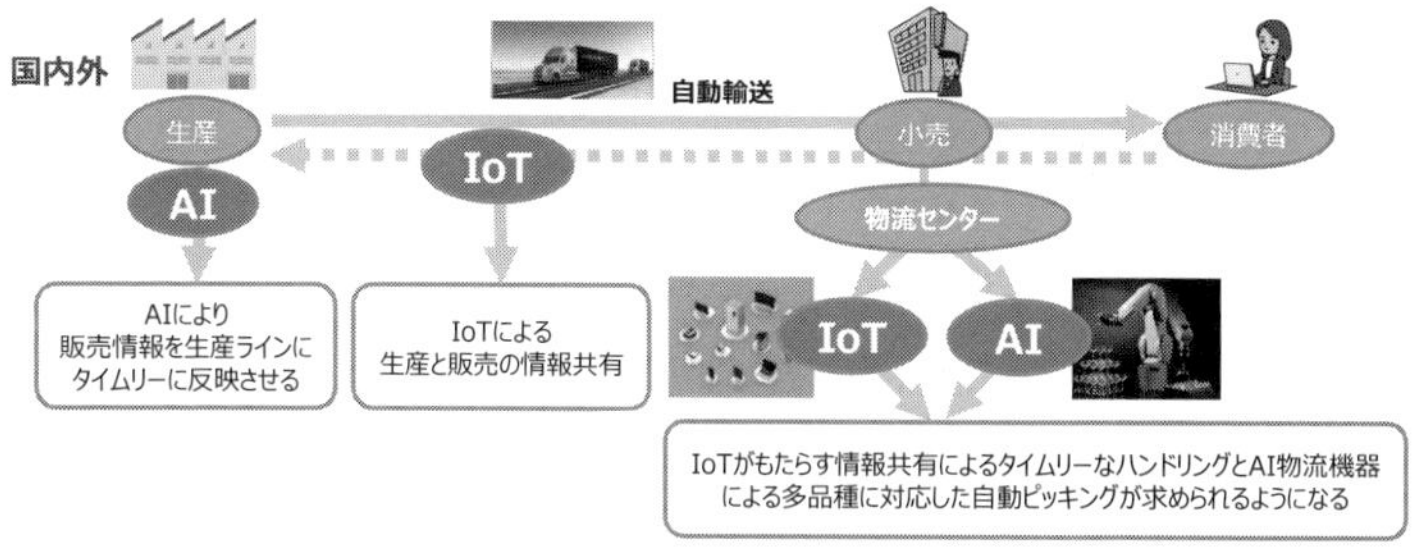

ころが明確になっていくはずです。

皆さんにこれが最後の1つ、取り巻く環境が恐ろしく変わります。変わっています。技術も大きく変わっていっています。その中で皆さんがそれぞれのビジネスにどう対応していくかということをお考えいただきたいということで、あとは雑談みたいなお話です。

今年（2018年）9月に物流展があります。今はネットで申し込みますと行けます。昔はこんなに券を持ってきたんですけど、今はネットでポチッと申し込めますので、申し込んでぜひ行ってください。私は別にダイフクのエリアにいませんので。

あと、私ども、「日に新た館」というところを持っていまして、約6000平米ぐらいにいろいろな展示をしていますので、もしお時間があるようでしたら来てください。ということで、頑張ってねと書いてあります。

長沢　どうもありがとうございました。（拍手）

7．質疑応答

質問者（大塚）　大塚です。ありがとうございました。物流とかは初心者なので、導入プロセスを教えていただきたいんです

けど、例えば受注が来たというときに、多分、受注元の人とどういったラインをつくるかという話をされて、そこからどういう機械を入れていくかというところを設計して作って導入という形になるんでしょうか。

辻本　いろいろなやり方がありますけど、一番面倒くさいやり方を言います。白紙で来ます。うちはこんな商売しているんやけど、どうしたらいいかなって来るんです。これ、一番厄介なんですね。だけど、最近はありがたいことにネットがありますので、この会社がどういう考えをお持ちなのか、それとどういうご商売をやって何を伸ばそうとしているか、ここら辺はネットである程度調べられます。

そうすると、どういう方向に行きたいんだろうという想像がつきます、まず。その想像をつけて、その次にやることは、経営者に会わせろと私は言います。会わさないと言ったら仕事をやめようと言います。というのは、経営者の考え方をきっちり聞かないと、申し訳ないけど部課長じゃ50億、100億の投資がオッケーなんて思えないんです。だから、そういうようにして、その次、ここで思想を統一しているんです、客先と。おかしかったら、ここおかしいと言いますから。ある程度統一して、最終的な設備としてこう考えて、将来あんたのところはこういう具合なところが伸びるんちゃいますか。じゃあ伸びるんだったらこういう具合に考えておきますよと、初めから設備をいっぱい入れるのはやめましょうねというお話をします。そんなステップで、単純に言いますとそうです。本当はステップは10ぐらいあるんですけど、単純に言いますとそうです。

昔はハウマッチ、これです。これ、なんぼやねんと言ってきます。だけど今、大きなシステムでそれはありません。それをもしやるんだったら、なぜそのようにつくられたかということを質問します。そういうことです。よろしいですか。

質問者（大塚）　ありがとうございます。

質問者（若原）　若原と申します。本日はありがとうございました。私は飲料メーカーにおるんですけれども、多分、御社の自動装置とかお世話になっているのではと今拝見して思いました。

今日お話しいただいたことの問題点というのは、うちの会社でも今まさに取り組んでおりまして、世界と同じデータの管理の仕方だったりとか、物流においてもそうなんですけど、あとは海外で成功している物流のルートを日本に持ってきたくて、海外で物流のプロだった人が日本に派遣されてくるんですけれども、日本の環境だったり文化だったりの違いに対応できないとか、いろいろなコンフリクトがあるんです。

多分、いろいろな企業の会社さんを扱われていると思うんですけれども、グローバルに展開しているにもかかわらず共通のものが使えない、国と国の間で何か壁ができるときって、何かソルーションというか、そういうものがあるのか、あるいはやはりそういうところはとても難しい問題なのか、何かアイデアがあればちょっと共有していただきたいなと思ったんですけど。

辻本　難しい問題ですね。単純に言いますと、ないです。具体的にどうやっているかといいますと、例えば中国でやる場合、当然ながら違います。日本でやる場合、違います。なぜかといいますと、それぞれの環境がまず違いますね。それと同時に、やたら法律がかんでいるときがありますので。

それと、実は日本人が持っている特有なものが実は最初のぎりぎりのところでいろいろ出てくるんです。先ほど会議の話をしましたね。あれなんかは割と単純なことで、やろうと思えばできます。だけど、それ以上に日本の固有的な問題が非常に出てきます。お付き合いがどうの、何がどうのって書いてありませんです、そんなもの。そういう問題が出てきて、それの論破はなかなか難しいでしょう、向こうから来られた方は。だから、誰かお宅の偉い方の下につけて意見をもらって、彼の意見じゃなくてその上の人の意見で出すと割と通るかもしれないです。これはハウツー何とかですけど。

われわれも非常に困っているんですね。何が一番困ったかって、会計制度がみんな違うんです。それが時々変えよる。この間インドネシアでもめておったかな。何か会計制度が変わりまして、じゃあどうやって会計すんねんってえらいもめていました。ここら辺はまだ金の計算だけですので、モノを動かしませんのでいいんですけど、モノを動かすときは、やはりそれぞれの国の変な意味でのしきたりが出てくるかな。そこら辺はちらっと左目で右を見ながらどうやっていくかということをやっていかないと、ミサイルがいっぱい飛んできます。私みたいに爆死しないように。（笑）

質問者（遠藤）　プロロジスの遠藤と申します。お話をありがとうございました。最初のイントロのところでいろいろな分野がご紹介されていて、ディズニーランドで間違えて人を乗せる、何か人を運ばないとか、そのほかに禁止事項じゃないですけども、何かモットーというのはあるんでしょうか。

辻本　会社としましては、人は運ばない、それ以外はありません。犯罪に絡んではいけません。それは当たり前です。世の中の会社として当たり前。

人を運ばないというのはなぜかといいますと、実は安全規格が全然違うんですね。当然ながら。絶対的に100%の安全ってできないじゃないですか。それに、いくらそういうお遊びのところでも、けがしたらいろいろなことが起こりますよね。

くるくる回るやつがありますよね。名前は知りませんけど。あれに例えば、やってはいけないですけど、赤ちゃんをこうやって持ってやって、ぽろっと落として、どうやって止めるのというのは、最終的に非常に難しいんです。どうやったか。簡単なんですけど、人をつけておいてもらって、何かあったらぱーんとボタンを押してくれと。

　これがいいとは思いませんね。だから、初めから入らんようにしておいてほしいんですけど、万が一のときはそこまで考えないといけないです。ましてやお遊びのところでそういう問題が起こったら、その会社はがたがたになりますからね。実際に裁判沙汰になったのは大阪の枚方だったかな、あそこで確かお亡くなりになったと思うんですけど、あれは裁判になって、確実にその方は逮捕されました。これは全部ＪＩＳに書いてありましたね、遊具の関係は。まあ、そんなところです。

長沢　今日は株式会社ダイフク　技監　辻本方則様に貴重なお話を賜りました。どうもありがとうございました。（拍手）

第2章

物流不動産に関する3つのロジスティクスビジネスについて

ゲスト講師：株式会社日本ロジスティクスフィールド総合研究所　代表取締役　辻　俊昭氏
開催形態：プロロジス寄附講座　ロジスティクス・SCM〈第3回〉
日　　時：2018年6月16日
会　　場：早稲田大学早稲田キャンパス11号館911教室
対　　象：WBS受講生

■会社概要■

株式会社日本ロジスティクスフィールド総合研究所
本社所在地
〒103-0028
東京都中央区八重洲1-5-7
TEL（03）5255-7770
代表者　辻　俊昭
年間売上：非公開
経常利益：非公開
従業員数：７名
資 本 金：1000万円
設立年月：2009年９月
国内支店：なし
国内関連会社：なし
海外現地法人：なし

辻《つじ》　俊昭《としあき》 略歴

1988年４月　京都大学工学部卒業
1988年４月　大手シンクタンクにて港湾・空港・産業政策研究等に従事
2005年７月　株式会社日本レップ　子会社ジェイレップ総合研究所に従事
2009年９月　株式会社日本ロジスティクスフィールド総合研究所　立ち上げ

長沢　「プロロジス寄附講座　ロジスティクス・SCM」第3回目のゲスト講師として、株式会社日本ロジスティクスフィールド総合研究所　代表取締役　辻　俊昭様をお迎えしています。「物流不動産に関する3つのロジスティクスビジネスについて」と題してご講演いただきます。それでは、辻様にご登壇いただきます。拍手でお迎えください。（拍手）

辻　日本ロジスティクスフィールド総合研究所の辻です。本日は、どうぞよろしくお願いいたします。20年程前にほかの大学のほうでも3年間ほど、物流に関連した講義をする機会を頂いておりました。その際は参加者が5～10名程度と少なく、それが今回、こんなに多くの方に関心をもって集まって頂き、心よりうれしく思っております。

さて、本日は物流不動産の概要と物流不動産にかかわる3つの成長ビジネスについてお話をさせていただく予定です。皆さんのイメージからすると、物流に関するビジネスは余り冴えないビジネスだろうと考えておられる方も多いと思いますが、国内の市場をターゲットにしながらも、年率5％以上の成長成果を上げています。日本で年率5％以上というのは相当な成長産業なんですね。

1．急激に増加している物流不動産について

さて、まず、大規模な賃貸物流施設を称して物流不動産と言わせてもらいますが、その物流不動産について紹介をさせて頂きます。

今日の物流施設は大変大型化し、また、配送機能が充実した施設になってきています。例えば、以前であれば延床面積ベースで5千坪もあれば相当大きなイメージだったのが、近年では6万坪、7万坪を超える施設も開発されるようになってきています。

このような大きく配送機能に優れた物流施設は今、国内では大体、400カ所がすでに稼働しており、累計の開発投資額で言いますと4兆円から5兆円まで積みあがってきています。

では、なぜ、このような物流施設が増えてきているのか、その背景についてお話ししたいと思います。国内の倉庫を出来た時期ごとに分けると3つに分けられます。1つ目は大体、79年以前に建てられた倉庫で最も古いタイプとなります。これはまだ市街地の近くを歩いていただきますと、時々見つかるような施設です。見るからに古い倉庫なのですが、首都圏では全体件数ベースでまだ、28％もあります。その次に1980年代から1990年代に建った倉庫もだいたい、47％ぐらいの割合で立地しています。さらに、新しい施設として2000年以上に建ったのが大体25％ぐらいあります。というのが、現在の倉庫のできた時期別の大枠となっています。どの倉庫までが使えるかという話をしたいんです。一番古い70年代の倉庫を見てもらいますと、平屋建てで、1階にトラックヤードを持った施設ですが、このトラックの接車スペースがものすごく狭いものとなっています。搬出入口も1カ所しかないんですね。そうすると、頻繁に出入りするトラックに対応できない「使い勝手の余り良くない倉庫」となります。それと平屋建てとなっており土地を有効に活用していません。地価が上がってまいりますと平屋建てではもったいないということになります。そのため、80年代か90年代になりますと、4階、5階建てという多層階の施設が出てくるようになった訳です。

さて、私が中学校を卒業した40年前、よく言われました。メーカーが生産した製品を保管し、需要に応じて適宜供給していくのが倉庫の役目だと教わっていた記憶があります。そうした場合、保管が十分にできる倉庫タイプが時代に適した倉庫だったわけです。90年代以前の倉庫のタイプでも全く問題がなかった。しかし、今は変わってきているんです。倉庫のタイプも変わってきました。何が違うかというと一番は、ランプウェイと言いまして、くるくる回ってトラックが上の階に自走して上がることができる。つまり、トラックが1階に接車できるだけでなく、2階、3階、4階まで上がっていけるんですね。日本では、何と8階まで上がっていける施設もあります。

2．新しい物流施設が必要となってきた背景

なぜ、このようなタイプになったのか、各階にトラックが上がっていくことが必要になったのか。1つはサプライチェーンマネジメント（ＳＣＭ）という考え方が一般化してきたことにあります。ＳＣＭは90年代の半ばから広まってきました。このサプライチェーンマネジメントを端的に言えば、できるかぎり要らない在庫を持たない物流なんですね。要らない在庫を川上から川下まで持たない。仕方なく持つ場合も当然ありますが。サプライチェーンマネジメントは基本、既存在庫を持たない、在庫を前提とした施設スペックは必要ないということになります。80～90年代の倉庫の場合は在庫を前提としていますね。残念ながら、今の時代にはもう、合わないということなんです。サプライチェーンマネジメントの考え方に沿った場合、なるべく在庫を持たず、昨日来たものを今日出すというようなスピーディな配送が可能な倉庫の形が求められてくるようになりました。

大きさについても、後で紹介しますが、荷主の物流を専門的に受託する3ＰＬ事業者という物流事業者が、効率的な物流オペレーションを行うために大きなスペースを必要としていることが1つの背景としてあります。

以上が、大規模な今日的な施設スペックを有する物流施設が増加してきた背景となっています。ご理解いただけましたでしょうか。

3．物流不動産にかかわる3つの成長ビジネス

さて、これからは、物流不動産にかかわる、物流不動産を活用した3つの成長ビジネスを紹介したいと思います。1つ目が、先ほどご紹介した物流不動産そのもののビジネスです。2つ目が3PLビジネスです。3PLは荷主の物流の代行を行う物流事業者のことで、90年代から広がってきています。国内でも始まり、現在、年間約6千億円の市場を有し年率5％以上成長しています。2002年から市場が当社の推計で年間5～6兆円のマーケットがありますが、この3PLビジネスも高成長を続けています。3PL事業者も物流不動産を積極的に利用することで成り立つビジネスモデルとなっています。

そして、3つ目が通販ビジネスとなります。通販と物流不動産がどういう関係があるんだ、という話になりますけれども、例えば、アマゾンは100％、こういう施設を借りています。アマゾンにとって物流不動産は営業基盤であり、成長スピードを維持するためには積極的に利用していかないといけない状況になっています。

では、次からこれらの3つのロジスティクスビジネスの内容について、紹介していきます。

4．1つ目の物流不動産ビジネスについて

普通は皆さんは、倉庫という言葉を使われると思うのですが、物流不動産という言葉として使用する場合、金融商品という意味を含めた言葉となります。物流不動産は、不動産ビジネスの1つで、物流×(賃貸)不動産×金融という定義となります。不動産ビジネスは、新しい賃貸できる不動産を建てて、または、買って、そこから家賃収入を得るというものです。そうしますと、毎年毎年、家賃収入が期待できますので、一定収入があり利回りで回る不動産だということになります。不動産ビジネスとしては、

図２－１　大規模賃貸物流施設の竣工量（単年、累計）

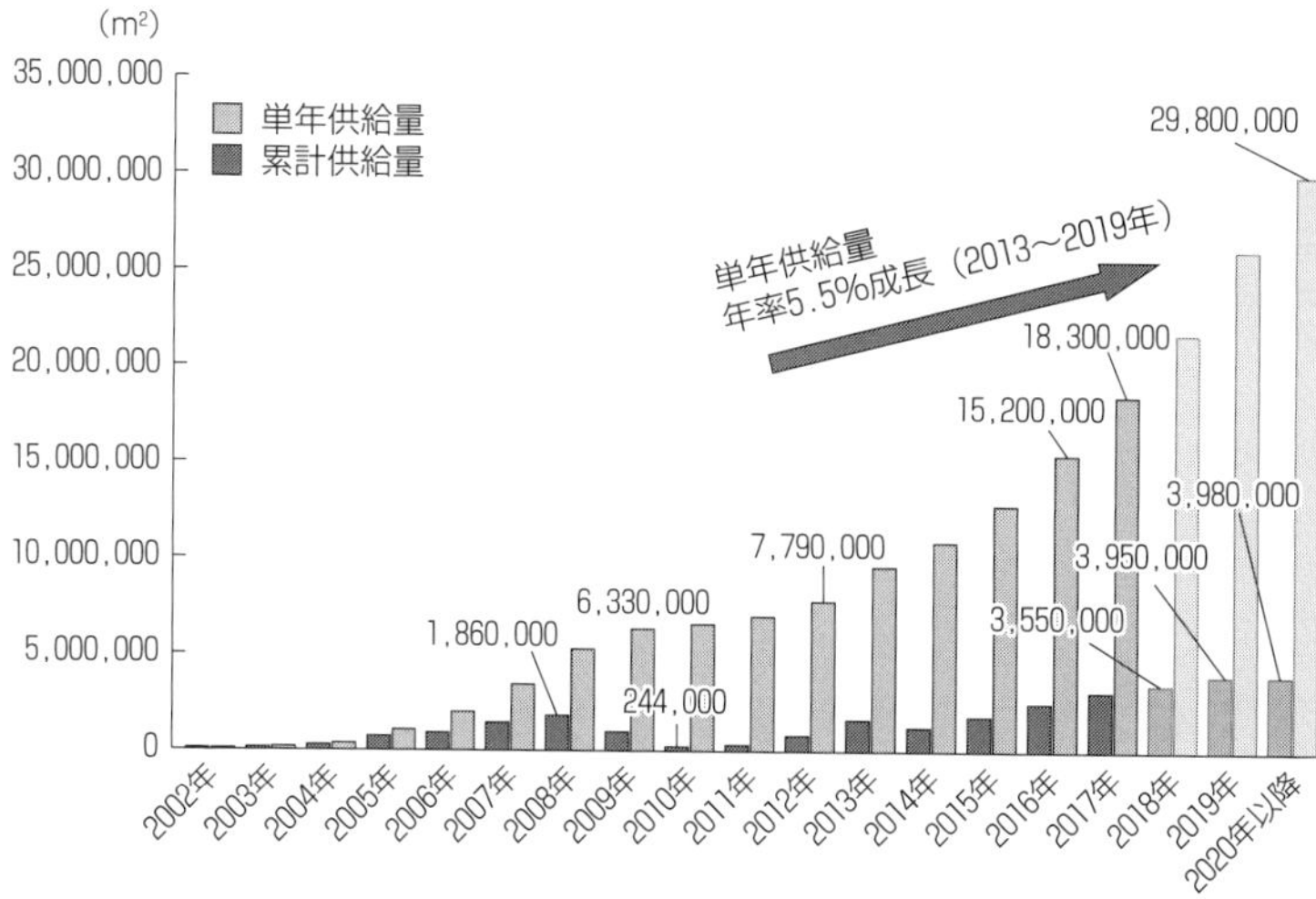

出典：日本ロジフィールド総研作成.

ほかにオフィスビル、商業施設、住宅、ホテル等があります。この中で今、一番急拡大してるのが物流不動産だという話なんですね。メインはオフィスビルですが、大体、リートに上場している物流不動産の分野をみて、２００４年頃には物流不動産の占める割合は３％でした。それが今年中には実に住宅を抜く勢いとなっており、15％前後までシェアが拡大すると予想する人もいます。それぐらい物流不動産は今、注目されてる不動産ビジネスだということなんですね（図２－１）。

まず、商品となる大規模な賃貸物流施設を建てる事業者がいます。ディベロッパーと言われている方々で国内では40社以上参入している状況となっています。リーマンショック前には10社程度でしたが、現在では大手不動産、商社もほぼ、参入しています。

また、その施設を買う立場として投資家がいるわけです。投資家が期待する投資利回りでみますと、物流不動産は年々、期待利回りが低下する傾向となってきている。下がるということは、収入に対して開発コストをかけてもいい、リスクを取ってもいいということです。つまり、物流不動産の認知度合や評価が高まってきたことで、少々リスクを取ってもいいという投資家が出てきたということなんですよね。一番低い期待利回りで許されているのは、オフィスです。オフィスには及びませんが、結構、安定的な利回りが期待できる商品として、人気が出てきてるのが現状です。

こういうような人気のある商品ですので開発量も増加しており、最近では年間約400万㎡の開発量となってきています。国内で一番大きな倉庫会社が年間3、4社できるイメージです。年間、すごい量をつくることになってきましたから、本当に需要があるのか、ビジネスとして成り立っていくのかという話は当然出てきます。しかしながら、今のところは、過去最大の供給量に対して、最大の需要量で応じている状況が続いています。

ここで、少し、前提にもどりますが、物流不動産がもてはやされている理由を説明します。荷主さんが売上に対してどれぐらいの物流コストをかけてるかという割合があります。国内の物流効率化の指標（図2－2）としてよく使われるものです。この指標では、従前の90年代、90年後半を見ていただきますと、7％ぐらいあったのが年々、下がってきてますね。2014年では4・6％と。このコスト、割合、荷主さんが物流に対するコストの割合ですから、下がれば下がるほど、当然ながら物流の効率が進んだという指標になります。

そのときの下げる際の荷主の施策として主たるものが3つあります。物流業務のアウトソーシング、在庫の保管の効率化、拠点の統廃合ですが、これらの3つの施策は、物流不動産を前提としています。国内の物流効率化に物流不動産が関わってきたと言えます。

図２－２　売上高に対する物流コスト比率の推移

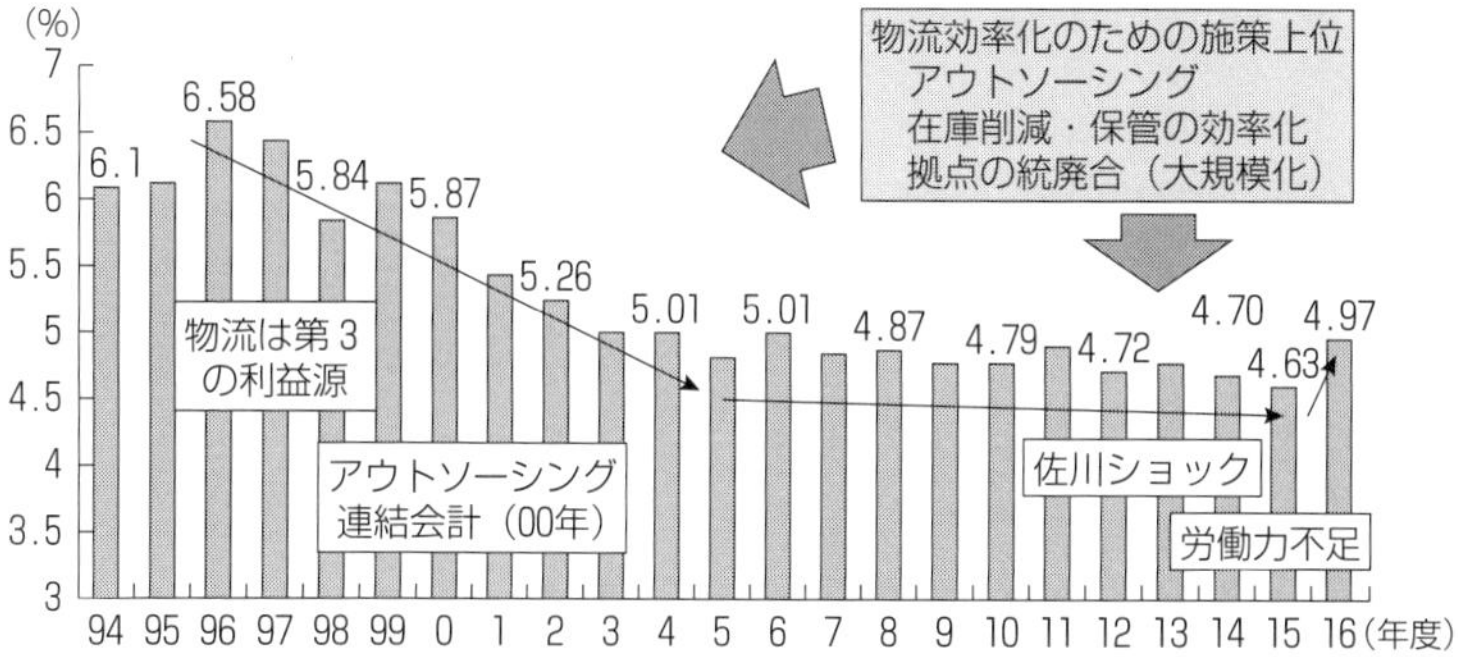

出典：日本ロジスティクスシステム協会「物流コスト調査」に基づき、日本ロジフィールド総研作成.

１つ目のアウトソーシング。荷主から物流業務を受けるのは３ＰＬ事業者です。３ＰＬについては後で述べますけれども、３ＰＬ事業者は積極的に物流不動産を利用します。資本力のある事業者が少なく、長期契約を必ずしも結ばない荷主との契約には一時的な倉庫で対応する等、借りないとビジネスモデルが成り立たないという事業構造があります。アウトソーシングの場の供給という意味において、物流不動産が必要とされている理由となっています。２つ目が在庫の削減、保管の効率化。先ほど言いましたように、効率化を進めるためには、今日的な施設スペックが必要なわけです。大規模で、十分な床荷重があり、天井も高く、配送機能に優れている。これが２つ目の物流不動産が必要な理由です。最後の３つ目が拠点の統廃合ですが、統合するためには大規模な施設が必要です。大規模なものは、物流の効率化を結構、進めることができます。例えば街中に２０００坪ぐらいの倉庫を持っておられる荷主さんが５カ所あったとします。そうしますと、統合すると１万坪必要なのではなく８０００坪でいいんですね。２０００坪削減することができます。また、作業の方もいろんな、それぞれ分かれているよりも同じところで作業を

図2-3　主たる開発物件における需給バランスの推移（全国）

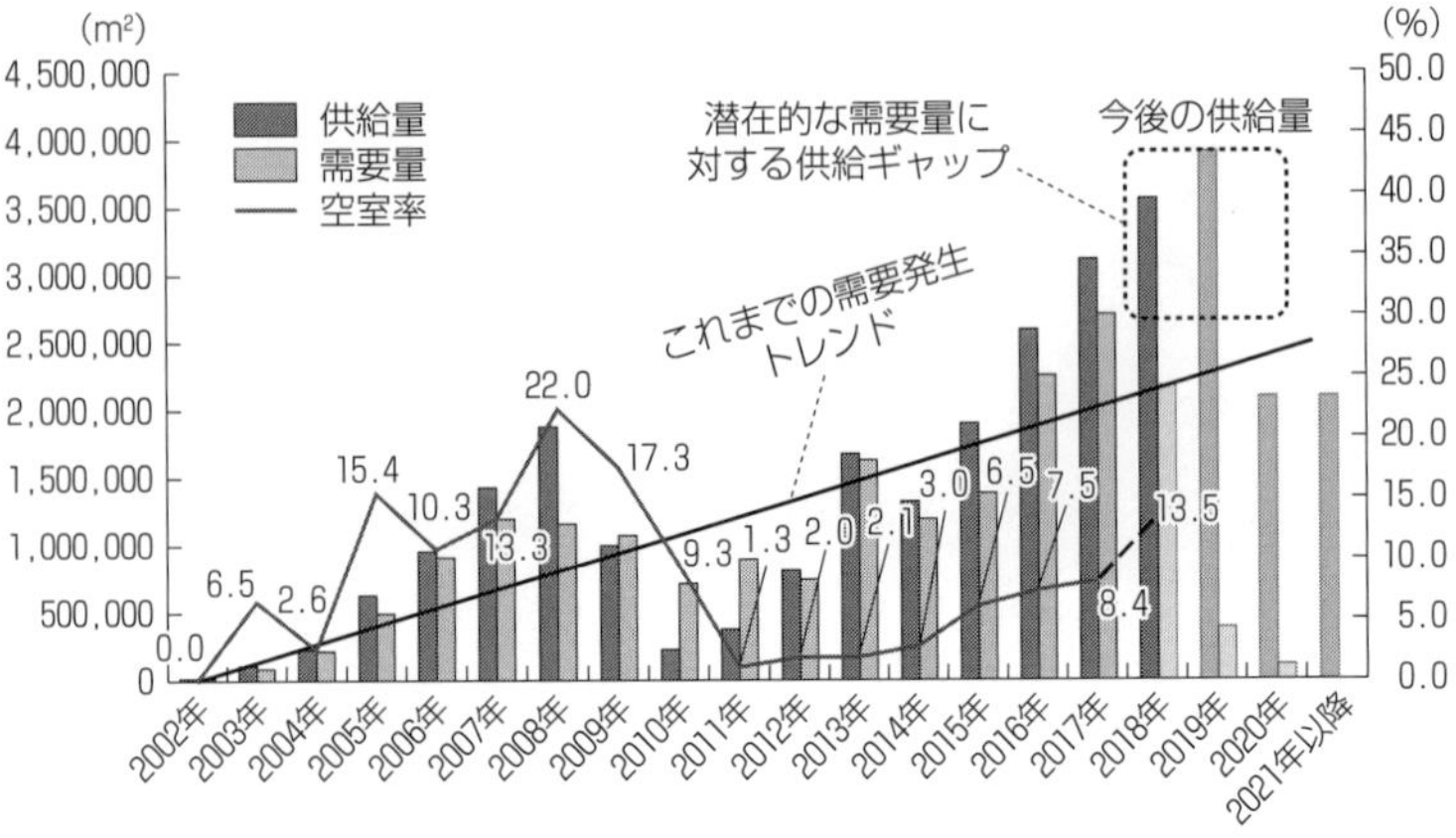

注：2018年5月時点.
出典：日本ロジフィールド総研作成.

した方が2割ぐらい少なくて済む。効率化の効果があるわけなんです。売上高に対する物流コスト比率を下げる有効な手段として物流不動産と密にかかわる手段が行われて来た。産業インフラとしての位置づけも有しているということです。

ここまで分かりにくかった内容等、ございませんでしょうか。

それでは、続きまして、物流不動産の特徴や動向について、話を進めさせていただきます。まず、マーケット動向について紹介したいと思います。当社がつくっている図（図2-3）があります。物流不動産の需給バランスの推移を示しています。最近の動向をみてもらうと過去最高の竣工量が続いたということで、バブルだと。こんなにつくって大丈夫だろうかという人がでてきます。過去の需要量のトレンドから見ると、確かに最近はつくりすぎ感があります。しかしながら、2016年、2017年を見ていただきますと、結構トレンドを上回る需要が出ています。

これは後でご紹介しますけども、３ＰＬさんと通販さんがものすごく積極的に借りておられます。現在、予想以上に供給に対する需要が発生してきているというのが、この不動産の特徴となっています。

次は、施設の内容についてです。初期のころは、街中の倉庫と差別化するための施設スペックの充実が図られてきました。例えば、物流のオペレーションの効率を高めるためにフォークリフトが十分に走行できる床荷重にする、効率的に保管できるように3段積みを前提とした天井高とする、働く人のための休憩室、売店などのアメニティ施設を充実させる等があります。綺麗な休憩室が整備されている。皆さんの倉庫のイメージ、多分まだまだ汚い倉庫のイメージかと思うのですが、こんなおしゃれな休憩室があるのかというように驚かれると思います。今ではほとんどの大規模な物流不動産には設けられています。２０００年からこういうアメニティ設備が充実した施設が増加してきたのですが、そのとき私は誰がこんなのを使うんだと、これをつくるんだったらコストアップになり賃料が上がるだけなので、やめておいたほうがいいんじゃないですかと偉そうなことを言ってたんですけど、今はこれがないとパートさんの定着率が悪くなるということで、必須の設備になってきています。後で申し上げますけど、労働力の確保は大事なんですね。次、もう1つの例として、最近ブームになってるのが託児所です。託児所に対する見解も私の休憩室の10年前の見解と同じで、本当に要るのかと今は思っております。最近の物流不動産に入居するテナントさんを見ると、結構ファッション系とか多いんですね。そこで若い女性の方も多いのですが、必要とされる方って結構働いておられるんですね。こういうものも将来的には必要になるのかなと思ったりもしています。ただし、現状の利用率をみると余り高くない施設が多く、施設に働いている人だけではなくて、地域オープン型ということで、周辺の方々にも開放する託児所というのも出てきています。迷惑施設であった倉庫が地域と交流するという意味において大事な取り組みだと思います。

従業員の働く環境を向上させる事例として、もう1つ、設置が増えてきているシーリングファンがあります。庫内でアルバイトで働かれた経験を持っている人はここでは余りおられないと思いますけど、私は1度だけ働きまして、夏場はものすごく暑いんです、本当に。天井に大きなファンがあって、ちょっと、涼しくしてくれる。最近ではさらに進んで全館空調設備を入れる施設もみられるようになってきています。

免震の導入も特徴的です。大体どれぐらいの割合で免震化が進んでると思いますか。既存の倉庫では余りみられません。今、統計的にいくと、こういう物流不動産においても大体延床面積ベースで40%ぐらいです。東日本大震災直後、免震は必須な施設構造だということで採用が増加しましたが、結局、最近では、ちょっと落ち着いてきています。これはなぜかというと、免震を必要とする荷物というのは限られてくるというのが分かってきたからです。それが医薬品であったり、精密機械を扱う倉庫は免震が必要なのですが、そのほかの荷物については、余り必要となっていない。一方、免震の施設とすると大体、建築コストで8%から12%、コスト的に余分にかかってしまいます。どうしてもコスト見合いという話になってくると、本当に必要な場所しか入れないと。必要なテナントさん向けしか採用しないということになってきています。

あと、もう1つだけ言っておかなければならないのは、建物全体がすごくきれいになっていることです。ディベロッパーからすると、働く人に誇りを持ってもらう施設にしたかったと、そういう話が出てくるんですね。単なるモノを預けるのではなく、働いている人に職場としての倉庫に誇りを持ってもらう。こういうコンセプトの倉庫がこれからどんどん増えていくと思いますね。大規模な施設となりますと、２００人とか３００人以上は、多分働いておられると思います。それぐらい労働力を確保する必要性のある施設なので、そういうところまでこだわった施設が出てきていますということです。

さて、このように働く人に気を遣っていても、やはり人手不足感は否めません。このため、倉庫内の自動化というのが注目され、一部の事業者では導入が進められてきている。アマゾン、アスクル、ニトリ、モノタロウ、ユニクロ等、荷主企業を中心に。自動的に動く台車があって、個別の荷物を積んだラックを人のところまで持ってきてくれます。今まで、倉庫内で1日10㎞動いて人が集めていた作業を、台車が代わりに10㎞動いてくれる仕組みです。省力化のための仕組みですね。荷物を保管するラックを人が通行するスペースを置かずに並べることができるため、保管量も2割ぐらいアップすると言われています。大きなスペースにラックを置くことが求められるため、大規模な物流施設が必要だということにもなってきています。ただし、まだまだ、投資額が大きく、長期回収が前提となる仕組みとなっています。ちなみに、自動化はヨーロッパの方が進んでいます。労働基準で人手による重量物の運搬が制限されているためです。大体30キロ以下のものでしか連続して持ってはいけないようです。日本はこの辺はまだ、緩い。今後、自動化が進むための条件として、この当たりのルールを厳しくする等も、必要になってくるような気がします。

それでは、物流不動産ビジネスの動向の最後の特徴になります。テナントさんと物流不動産との再契約率というのは90％。いったん入ったテナントさんは出ていきませんよという1つの特徴がある。これは非常にいいですね。契約期間も5年とか、長ければ10年というのがありますが、基本、継続更新されることから空室が生じにくい。安定的なんですね。この物流不動産ビジネスは。10％程度のテナントは仕事がなくなって出ていく場合がありますが、90％のテナントは３つの理由で出ていきません。１つ目は、移転のコストがかかりますね。当たり前の話。2つ目、周辺に1万坪借りる。1万坪を借りるような大規模な施設がまだありません、移れないですね。3つ目が、今、パートさんが大事なので、1万坪というと200人ぐらい働いています。その方々が新しいところで確保できるか。できないですね。ですので、この3つの理由で再契約となるわけです。それも多くは賃上げされている状態となっている。こういうこともあって、賃料収入も上昇する、人気商品になってるビジネスだということです。

それでは、次のビジネスに行きたいと思いますけども、ここまでご質問とかございませんでしょうか。はい、どうぞ。

質問者（女性） 先ほどの物流不動産の開発で事業者の名前が出ていましたけれども、最近、延床面積がすごく広大なハブとかつくったりしているヤマトホールディングスのような事業者はそこは入ってこないんですか。

辻 それは、自前の場合で造っておられますので事業者には入ってないんですね。今回の物流不動産は賃料による収益ビジネスですから、前提が賃貸の物流施設となります。ですから、自前で開発されいる物流事業者さんは対象外となります。ヤマト運輸さん、佐川急便さん、良品計画さん等、資金的に余裕のあるところは、今、金利が安いので、自前で建てるというのも活発です。なお、自前で建てた施設も売却し賃借に変更にすることもみられます。その場合、この施設も物流不動産の位置づけとなります。

質問者（女性） 先ほど、倉庫内は暑いという話があったのですが、最近は冷蔵とか冷凍とかも増えていると思います。冷蔵・冷凍の割合ってどれくらいありますでしょうか。

辻 冷凍・冷蔵の割合は全倉庫の14％程度となります。全体の倉庫の14％なので、残りの86％は普通の暑い倉庫です。ただし、これらの倉庫にも空調、シーリングファンの導入が進んできています。大手3

ＰＬ事業者では庫内を全館空調仕様にするところもでてきています。

5．3ＰＬビジネスについて

それでは、2つ目のビジネスである3ＰＬビジネスについて話を進めます。

3ＰＬさんというのは、例えば、ある荷主さんが自身で物流をするんではなくて、日本通運や日立物流さん等に仕事を全部委託してるというのを、3ＰＬの仕事といいます。この3ＰＬは90年代から拡大していきますが、ここ最近でも年率、何と9・1％で伸びてましたというのが明らかになっています。そういう高成長です。

では、誰がやってるかというと、具体的に日立物流さんとか、センコーさん、ハマキョウレックスさんとか、90年代からこれらの事業者さんが取り組んできておられます。

3ＰＬ事業者さんの特徴ですが、独立系もおられるのですが、荷主さんの物流子会社だった企業も多い。外の仕事を取る。外の仕事を取るというのは外販化というんですけども、外販化でどんどん成長してこられたという理由があります。なぜ、物流子会社さんが外販化しなくてはならなかったかと言いますと、2000年に連結決算制度が法的に導入されましたので、赤字を持ってる子会社って駄目なんですね。だから、子会社さんもどんどん収益を上げろということで、外の仕事を取ってこいという話になったというのがきっかけです。それ以降、この3ＰＬ事業者さんは高成長を続けてこられましたというのが現状です。

3ＰＬさんは、何で儲けているのか。大きく3つの業務で儲けておられます（図2－4）。倉庫の賃料で儲けて、もう1つが庫内の作業料で儲けて、最後は輸・配送で収益を上げている。今まで倉庫の賃料

図２－４　3PL 事業者の収益構造

	倉庫賃料	庫内業務料	輸送業務料
売上割合事例 一般荷物（２万円／月·坪） 在庫型（1.5万円／月·坪）	4,000円／坪・月 4,500円／坪・月	8,000円／坪・月 4,500円／坪・月	8,000円／坪・月 6,000円／坪・月
位置づけ	安定的な収益源	収益ぎりぎり	利益が出ないと 受託してはいけない
これまで	地域賃料水準に 10～15%上乗せ	２～３か月で 黒字化	利益源
現　状	地域賃料水準に 精々５%の上乗せ	遅くとも半年 までに黒字化	利益性の低下 （輸送委託料アップ） （ただし，荷主転嫁）
今後の懸念	地域賃料水準前提 無くなる可能性	人件費の高騰 さらなる工夫	輸送確保の一層難化 一層の利益性の低下

出典：日本ロジフィールド総研作成.

というのは、借りた賃料に幾分か上乗せできてたんですね。しかしながら、最近、荷主さんのほうが賃料情報を詳しく知っておられまして、余り上乗せできないという状況になってきています。庫内の作業については、これは人件費がものすごく高騰していますから、かつてのように儲かりにくくなってるんですね。３ＰＬ事業者さんは輸送業務料で収益を上げている。３ＰＬ事業者さん自体はトラックを持ちません。中小のトラック業者さんを囲い入れて、その人たちをうまくマネジメントし取りまとめることによって、収益を上げるというビジネスを行っています。なのですが、この輸送業務についても先ほど、人手不足ということでトラックの方々がおられないという状況が生じてきています。３ＰＬさんがトラック事業者さんを選べていた時代はとうの昔で、トラック事業者さんが３ＰＬを選ぶという時代になってきてるんです。成長はしているものの、収益が非常に低くなっている。しかし、もう1つ、このビジネスに大きな特徴がありまして、収益が低くても、一旦、荷主から仕事をいただくとなかなか関係が切れにくいという面もあります。したがいまして、かなり事業面では安定的ではあります。年度が変わると8割方、すでに売り上げが立ってるというビジネスなんですね。

かつて、日本での荷主が直接自分で行っている物流費は２０００年のデータでは20兆円程度ありました。まだまだこれから20兆円、外注してくれるな、という状況があったわけです。しかし、最近では大体10兆円ちょっとになってきてます。潜在的な３ＰＬにとっての市場のマーケットは半分になってきています。そういった意味で、今後、高成長が持続的に進むというよりは徐々に成長が鈍化していくビジネスかなと思っています。

以上が3ＰＬビジネスでして、ここは安定的にいいビジネスが育ってこられましたねということでした。３ＰＬビジネスにつきましても何かご質問とかございますか。

質問者（男性）　３ＰＬ、年、平均成長率、約９％という数字だったと思うんですけど、これは大手さんが伸ばしてるのか、それとも参入してきてるのが多いのか。

辻　これは数字の定義を言い忘れたんですけど、大手41社の合計なんです。なので、大手の方々の売り上げの合計になります。ただし、そこにはＭ＆Ａとかも結構入っています。ブルーオーシャンのマーケットでしたから新規参入事業者も当然、多くおられます。

6．通販ビジネスについて

それでは、３つ目のビジネスである通販ビジネスについて話を進めます。

まず通販で、5・4%という数字を皆さんに紹介しておきます。これはEC化率と言います。分子がインターネット等を介して買った小売の販売額、分母が日本全体の小売の販売額、つまり150兆円分のうち、インターネットなどで購入する割合の数字です。今後もますます通販市場は伸びていくと思われますので、大体2020年過ぎぐらいには10%を超える水準にはなってくるのでは、と言われています。

1つ言っておきますと、皆さん、便利だから通販で買っておられます。一方で、日本のリアル店舗の小売業の損益分岐点、93%ぐらいです。大雑把に言って売り上げが7%減ると、彼らは赤字構造になってしまいます。つまりはこのEC化率に7%を足した2025年頃、最近は勢いがついておりますので、2025年より前にリアル店舗の結構厳しい世界が来ますねということなんです。皆さん、便利で買っておられると思いますけども、そういうことも通販の裏側にあるということで、留意が必要かと思います。

通販ビジネスは、大体、今、物流不動産全体の15%ぐらいの面積を借りています。直近ではより、借りられる面積が増えてきており20%ぐらいに上がってきているかと思います。ますます、通販さんがどんどん借りてきている状況になっています。

ここで通販の物流について、もう少し詳しくみていきます。ここに通販の物流センターがあります(図2-5)。国内外のメーカーさん、卸さんから仕入れます。それを宅配便等を用いて、出荷の要請があった段階で出荷していきます。ここでは在庫として1・5から3カ月程度持ちます。ここは先ほどから言っているサプライチェーンマネジメントではなくて、ロングテール・ビジネスですので在庫を持ってもいい物流センターになります。そうしますと、街中にあるような倉庫を使っても施設タイプ的には

図２－５　通販物流拠点の事例

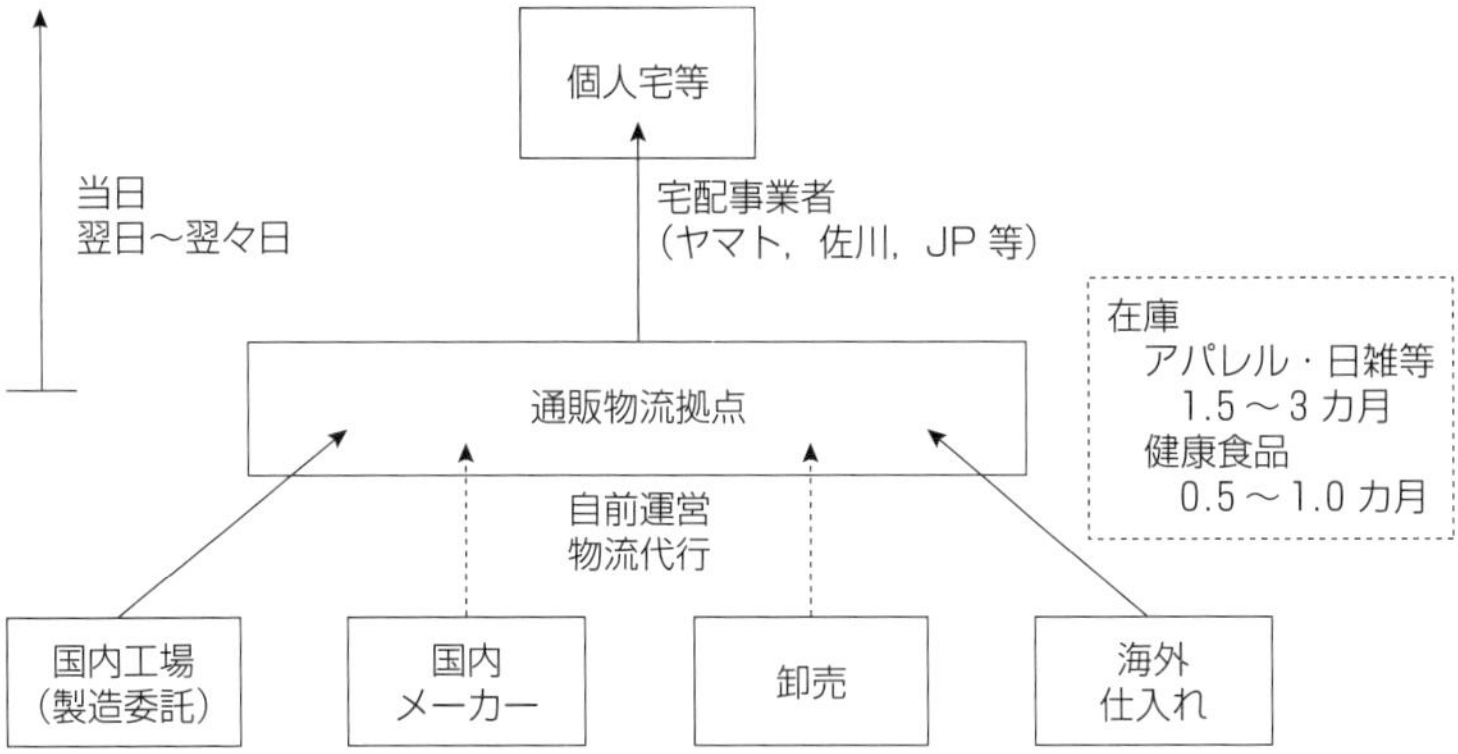

全く問題ない。もう１つ大事なことがありまして、通販さんが必要とする物流スペースですが、シミュレーションを行いますと、売り上げ１００億円で延床３０００坪となります。これは大事なんですけど、３０００坪の倉庫って結構、街中にあるんですね。したがいまして、売り上げが１００億円を超えない限りは市中の倉庫で十分だという状況が生まれています。日本で１００億円を超えている通販の事業者さんっていいますと、60数社しかおられません。60数社しかおられないので、ほとんどが今は街中の倉庫を使っておられるんですね。

通販ビジネスと一概に言っていますが、１つは個別商品を扱って通販を行っている事業者、通販事業者を集めモールをつくっているモール系事業者、通販の物流を代行している通販物流代行事業者があります。

１つがアマゾンさん、楽天さん、ＺＯＺＯさん等のモール、マーケットプレイス型の事業者です。通販も直接おこなっていますが、モールを運営している人たちが大きなスペースを借りる傾向が強くなっています。囲い込む通販事業者が多ければ多いほど収益が上がる構造となっていますので、大規模なスペースを必要としてくるわけです。もう1つが物流の通販代行をされる方、通販物流代行事業者です。個別の通販事業者が物流を行っていても、案外面倒で宅配コストもかかる。ある程度の規模になってくると通販物流事業者に依頼する傾向が強くなってきています。そうしますと通販物流代行事業者がスペースを借りる状況が増えてきている。今までは、街中の倉庫で十分間に合っていた通販だったのですが物流不動産を借りられるようになってきたということです。

もう1つ、日本のEC化率は、海外に比べてまだ、低いです。海外は進んでるのは12%、15%ですという話をさせていただきましたけども、何で日本がEC化率が低いかという話について、理由を3つだけお話ししておきたいと思います。1つは「おもてなし力」っていうんでしょうか。買うときに楽しんで買う。僕なんか結構楽しんで買うタイプなんですね。値切り魔だから。通販では一発で最安値が分かってしまいますので、それはそれで良しなのですが刺激がないですね。次に、日曜日営業してないんですね、海外は。日本は日曜日も営業しています。もう1つが、コンビニが代表的なのですが、店舗が近い。気軽に買いに行きやすい。この3つによって日本のEC化率はまだ、低いと考えています。海外のEC化のトレンドからみると、日本でもまだまだ、高まる可能性がある、先ほどご紹介したとおりということになってきますね。

国内で代表的な通販事業者としてアマゾンさんがおられます。国内の調査機関が出している推計データでは日本での売り上げは1・2兆円にも上るようです。国内の小売り規模ではだいたい、第6番目の規模に該当します。もう1つ驚くべきところは、日本国内での成長率は年率17%と非常に高い。このアマゾンですが、CEOはわれわれはロジスティクスカンパニーだと言ってるということですね。要は誰もまねのできない、磨き上げられたロジスティクスをつくりあげている。他社が追随できない状態になりつつある。唯一、国内では家電量販店さんが、既存白物家電の配送ネットワークを活かし、アマゾン並みに頑張っておられるぐらいです。当社の推計になりますが、毎年、アマゾンさんは17万㎡の物流スペースを確保しないといけない状態になってきている。毎年の需要量としては途方もなく大きく、これまで1番の借り手だった日通さんを超えて物流不動産の借り手1番企業になってきています。

7．通販ビジネスのポイントについて

ここからは通販ビジネス自体について、もう少し理解を深めていただきたいと思います。通販の初歩的な疑問についていろいろお答えしていきたいかなと思います。

まず通販ビジネスが儲かるかどうかですね。例えば、リアル店舗で販売額1商品当たり5000円、仕入れが2000円、これぐらいで仕入れておられる商品があるとします。そうしますと、倉庫費用が1商品当たり54円。通販の場合は1個1個、出荷しますので、手作業料がもっとかかりますが、リアル店舗の場合、段ボール単位で倉庫から配送しますのでこれぐらいのコストで済みます。輸送料も倉庫から店舗ですのである程度、安いです。しかし実店舗の運営費用が掛かります。このコストが大きく1305円かかります。そうしますと、大体1個当たり1462円もうかる商品になります。通販の場合、どうでしょうか。販売額が同じで仕入れも同じとします。ここを案外忘れられることがあるのですが、ECサイトの出店費っていうものがあります。これはアマゾンさん、楽天さんに商品をECサイトに載せてもらい、システムを使うと、売り上げの2割から3割が費用としてオンされます。リアル店舗の実店舗費用とあまり変わりません。倉庫費用は先ほど言ったように、段ボール出荷ではなくて1個1個包んで出さなくてはいけませんので配送コストがかかります。また、輸送も自社配送ネットワークを有す

図2-6　Eコマース市場の動き

品物	買回り品		日用品		(将来)生鮮食品
(例)	時計、家具、ファッション	通販の市場拡大	ドライ食品、衣類、トイレタリー等	次の通販市場	野菜、果物、惣菜
競合店舗	百貨店、専門店		スーパー、コンビニ		(個宅配送)
希望購入時間	随時(短リードタイムの必要なし)		即日・翌日		当日

る事業者は限られていますので、基本的には宅配便に依存しなくてはいけません。店舗に送るよりは少し高くなります。これらのコストを引きますと粗利983円の商品になります。ネット店舗さんは全国にお客さんを持つことと同じですので、粗利が低くても売れる機会の多いネットで売りましょうということでやっておられます。しかし、さっきの値切り屋じゃないですが、定価で売ってるネット店舗は限られていますよね、一般商材であればあるほど、価格の安い商品に目がいってしまいます。売る側も安くしないと売れない。一目瞭然だから。例えば、先ほどの商品を20%引いたところで売ったとしましょう。そうしますと283円しかもうからないんです。さらに30%引きにしてしまいますともう、儲からないですね。したがって、差別化できない、値段しか訴求できないような一般商材を扱っている限り、通販は儲からないというように思っておいたほうがいいと思います。

2つ目のポイント。配送スピード。翌日配送とか当日配送とか、どんどんスピード化しています。これがなぜだ、という話です。今まで、熱いニーズがあるうち、つまり、消費者がまさに欲しいと思ってる時にニーズがあるときに届けたほうが、キャンセル率が低いから早く届けたほうがいいというようなことがよく言われてました。それもあるでしょう。しかし、今はこの図で紹介したいと思ってるんですけど(図2-6)、買回り品、時計、家具、ファッションが通販の主たる商品だった時は、皆さん、これらの商品をどこで買ってこられますか。多分、百貨店とか専門店、量販店だろうと思います。ただし、百貨店、専門店にいつ行くか、時間のある週末とか、休日とかに行きますというのが普通なわけで、この早さに対抗するために、それほど別に時間についてはこだわらなくても通販の配達スピードはよかったんですね。

このような商品のマーケットは日本では大体60兆円ほどあると言われています。このマーケットは先ほど言ったように、儲かりにくい、厳しいマーケットになってきていますので、ブルーオーシャンじゃないですけども、まだ、手がついていない日用品のマーケットに通販が出てきてるんですね。日用品のマーケットは大体30兆円あるといわれています。どういうものかというと、ドライ食品とか衣類、トイレタリー、こういう商品ですね。また、これらをどこで買うか。スーパー、コンビニなわけです。スーパー、コンビニで売ってるもの、われわれ、週末とか記念日に買いにいくのではなく、当日とか、遅くても翌日には買いに行くわけなんです。この30兆円のマーケットの商圏に通販が進出するためには、遅くても翌日に配達できるスピードが必要だということになります。これが、今、スピード配送が求められている背景となります。

さらにもう1つ、30兆円の生鮮マーケットがあります。基本、毎日、買いにいくマーケットです。ネットスーパーとか、生協さんの個宅配送等のイメージです。通販がこのマーケットに参入しようとすると当日配送を行わないといけないようになる。ただし、この当日配送はコスト面で非常に難しい。配送密度とか、条件が整っている地区から広がっていくと考えられます。

このスピードに合わせ通販の物流センターのタイプは今、3つほどできています。1番はロングテールビジネスに耐える保管型のメガセンター、もう1つは地域に配送しやすい都市部近郊立地のセンター、最後が生鮮配送ですので、冷蔵等の温度帯に十分耐え得るセンターですね。これまではメガセンターが中心でしたが、そのほかの施設も立地が広がってきているのが昨今の状況となっています。急成長している通販事業者の多くはそれほど、まだ、資本力がなく、また、自社で物流センターを用意していたのでは成長スピードに合わない。このため、先ほど述べた3つのセンターも賃借しないといけないという状況となっています。

3つ目のポイントですが、オムニチャネルです。なぜ、小売事業者はオムニチャネル化を進めなければならないのか。オムニチャネルというもの、余り聞かれなくなってきており、死語になってきているかもしれません。しかし、オムニチャネル化は必然的な流れですので、そのオムニチャネル化をなぜ、行わなければならないのか。基本的に、売上の増加を求めて行うものではありません。1つはお客さまのロイヤリティーの強化。お客さんを逃さないために、いろんなところで自社の製品を、商品を買って欲しいため、そういうような売る機会の窓口をネット上でもつくっておこうという話です。そもそもの、オムニチャネルということですが、リアル店舗で買う場合とか、ネットで買うとか、あとはスマホで買うとか、こういういろんなところのシーンで買えますということをオムニチャネル化というんですね。そうしたほうが、思いついた時にお客さん買ってくれるでしょう、便利でしょう、というのがオムニチャネル化の基本的な考え方になります。百貨店や大手小売事業者さんなどが取り組んでいると思います。その際、オムニチャネル化は本当にやれるのかという話になります。リアル店舗をもつ小売さんがすぐにオムニチャネル化に、物流面から変えられるのかということを考えてみたいと思います。

メーカーは卸に売って、卸は小売に売って、小売が各店舗に並べて、店舗がエンドユーザーに配送します。これはいいですね。メーカーさんが卸さんに対して今まで段ボール単位で出荷しておられたんですね。ここはメーカーさんが直接エンドユーザーに届けようとすると、1個1個出さなくてはならなくなりますね、箱で出していたものを1個1個出さなくてはいけない。これは通販専用の作業スペースをもうけるとか、通販専用の情報システムを組み直さなければなりません。組み直してやってもいいんですが、先ほど言ったように、メーカーさんがつくっておられるのは一般商材なのでなかなか儲からない可能性が高い、メーカーさんがわざわざこんなリスクを負ってまでやりますかということです。結構なハードルを超えないといけませんね。メーカーさんは安売りもできません。小売さんに対する都合がありますから。メーカーさんが通販に手を出すことはかなりハードルが高いということになります。ただし、価格などはそのままに、特別な企画商品、プレミアム商品を出す等の通販は考えられますが。

次は卸事業者さんですが、簡単にできるかどうか。卸さんは小売に対してケース、パレットでどんどんと大量に売っていくビジネスです。卸売事業者さんが通販ができるかというとまた、ハードルがある。通販をできないことはないですが、ピース出荷ということで、1個1個箱につめて出荷することになりますが、小売りに対しては段ボール単位です。卸売事業者さんは薄利多売のビジネスですから大量に売らないといけない。小売が大量に買ってくれるので成り立つビジネスなんですね。1個1個売ってたのではビジネス上では成り立たないんですね。全然利益が出ません。小売りとの関係から安く販売することも難しく、通販事業の参入はハードルが高いと思われます。

小売事業者さんについては、すでにネットスーパー等、行っておられリアル店舗から商品を出しておられます。しかし、出荷量が多くなってきますと、既存の店舗のお客さんに対して迷惑になりますから、ダークストアと言われる通販専用の物流センターを設けることになります。このように小売業は可能ですということになりますが、簡単でしょうかということになります。今、ネットスーパーで皆さん、何を買っておられるか。トイレットペーパーとか、重量物、飲料とか、そういうものが中心になってると思うんですね。一方、通販のモール運営会社は集客のために何を売っているかというと、まさしくそのような重量物とか、日用品等を売っているわけです。スーパーが集客する場合と同じです。当然、集客のための商品ですので値段も安くします。ネット通販さんは収益、本当に配送のコストがかかるため、収益的に厳しいんですけども、ネットモールにそういうように売れ筋商品を廉価に販売されると利益が出なくなり、収益性が厳しくなると思います。

ただし、ネットモールにも弱点があって、地方都市とか、生鮮品とか、弱いエリアや扱い品があって、そこでは地元スーパー、コンビニがまだまだ、頑張れるという構造もあります。地方の百貨店、量販店は厳しいかもしれませんが。

最後にラストワンマイルの問題です。皆さんもご存知のように宅配業界は大変なことになりました。労働力確保が厳しくて、もう運べませんという事態が来てしまいました。通販商品をこれまで1個当たり350円ぐらいで運んでいてくれたのが、大幅な値上げ要請が来ているのが現状です。そうしますと、どのようにして宅配のエンドユーザーまで運んでいくかということが、日本だけではなくてアメリカでも非常に大きな問題になっています。その解の1つが、宅配ロッカーとか、コンビニに留め置いてもらうというのがあります。PUDOという宅配BOXを見かける機会が多くなってきています。まだまだ足らないのですが。これはヤマト運輸さんが主導で行っているのですが、ほかの宅配事業者も使えるようになっています。もう1つ、皆さんがマンションに住んでおられましたなら、マンションの宅配ロッカーがあると思います。マンションの宅配ロッカーについては、朝一番で宅配事業者さんが殺到しておられるはずです。限られたロッカースペースを確保するために。コンビニでも受け取る場合、コンビニは在庫をもたないことをコンセプトとしていますので、在庫を置いてはいけない。在庫スペースが余りないんですよね。そこに通販のものをどんどん置くということなりますとスペースが無くなってしまう。

また、アマゾンさんは独自に、中堅の物流事業者と手を組んで自前の配送網を構築しようとしています。これは海外でも同じですが、海外では自身での物流を行うことも進めています。航空機、トラックを調達しています。そのほか、海外ではオンデマンドデリバリーといって、時間が空いてる方々が配送してくれるような配送の仕組みも、今、増加しているようです。日本でもウーバーの取り組みがよく紹介されるようになってきていますが、登録しておいて、自分の自転車または自動車で配送するという形のものです。あと、ドローンですね。ドローンは残念ながらアメリカの方で規制が厳しくなりまして、目視、目で見える範囲でしかものを運んではいけないとなってしまい、今、少しトーンダウン中です。

海外のラストワンマイルの事例を紹介しておきます。小包を使う場合、オンデマンドといって、先ほどのDelivとかUverを使う。あと、仕組みとしてはアマゾンさんは玄関の中とかにおく。あたかもサンタクロースさんのようですが。アマゾンさんは玄関の中に置いていく。このときに玄関口にカメラが設置されてあって、ずっと動画が撮られている。ちゃんと家の奥に入っていったりしていませんよ、というのが家主に配信されるんですね。一応安心なわけです。さらに、ウォルマートさんは冷蔵庫の中まで生鮮商品を届けに来ます。冷蔵庫の中ですよ、どうですか。普通は嫌ですよね。アメリカでも余り受けがよくありません。でも、なぜ、ウォルマートさんが冷蔵庫の中まで配達しなければならないかというと、ウォルマートの強みは生鮮食品を扱っていることです。生鮮品を玄関口においておいてはだめですね、どうしても冷蔵庫までたどり着かないといけない。ウォルマートさんは店員とか20万人おられますので、仕事が終わった後、その分の給料をもらいながら店員さんにお客様のところまで運んでもらう

図２－７　物流環境の改善（在庫量増やす意向—在庫量を減らす意向）

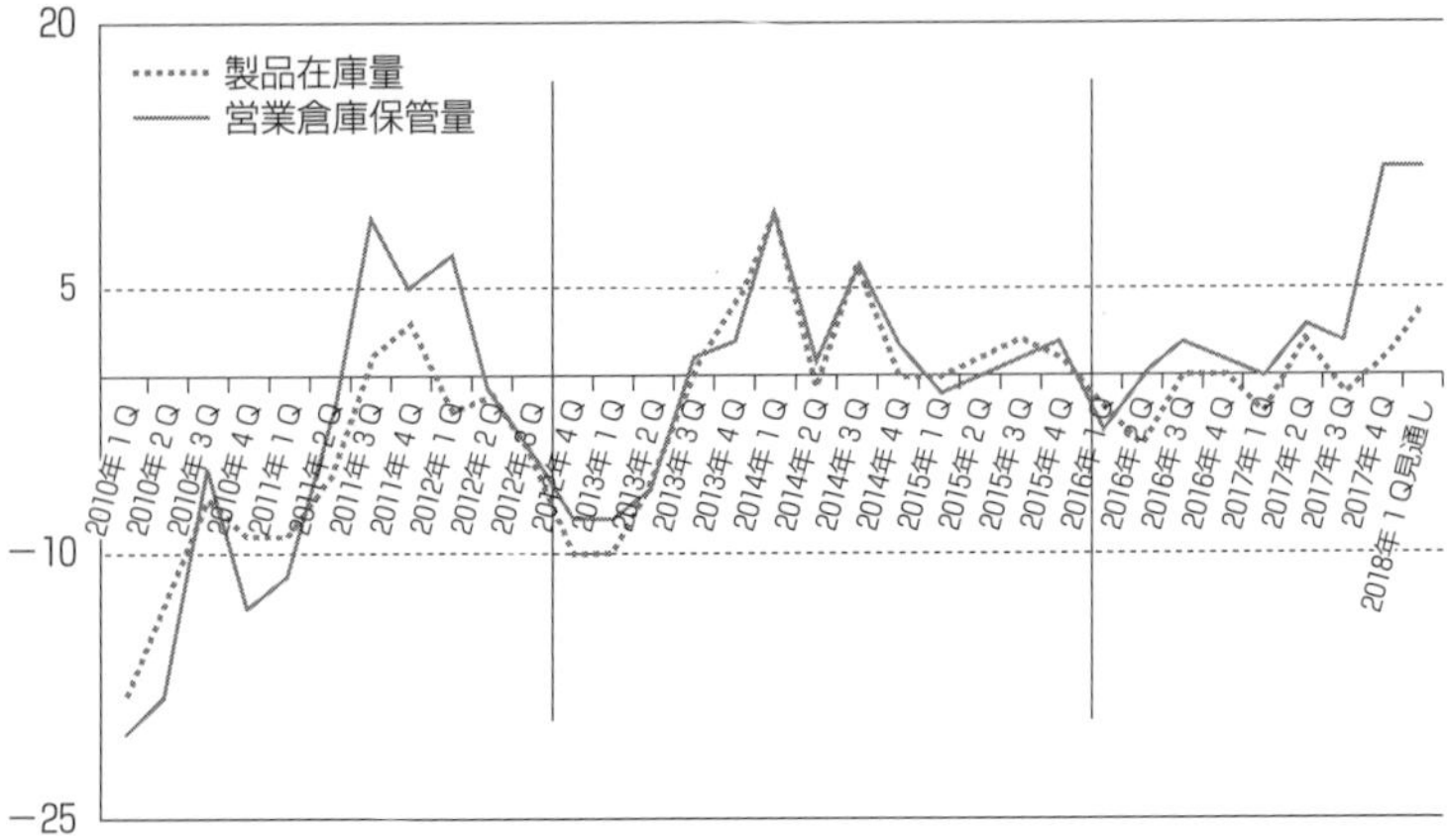

出典：日通総研公表データより作成.

ということも行っています。

以上、物流不動産にかかわる３つのビジネスモデルを説明させていただきましたが、１つだけ追加でお話をさせていただきたいのですが。今回、物流不動産、ずっと成長ビジネスに支えられて好調だ、好調だって言ってますけども、１つだけ言っておかなくてはいけないことは、確かに構造変革が進むうえで必要とされているビジネスですが、もう１つ景気がいいことに現状、支えられているのも事実です。なにせ、不動産×金融ビジネスですから。景気はいいので荷物が増えてるという事実もあるんですね。物流会社さんとか荷主さんが荷物を増やすという割合から減らすという割合を引いた図があります（図２－７）。２０１６年の第２クオーターから営業倉庫、物流会社さんベースでは増やします。荷主さんベースでは２０１７年ベースから増やします。さらには２０１９年の10月の消費税増税前には、当然、駆け込み需要がありますので、荷物は増えていきます。ということは、しばらくは物流スペースが増えていくんですね。その後、景気が後退することも考えられる。そういう環境の状況もわれわれはウォッチしながら、不動産ビジネスは考えていかなきゃいけないないなと思っております。物流の動向は景気の先行指標でもあります。

8. おわりに

最後に、今、アベノミクスという言葉がはやっていますが、昔、１９８０年代にレーガノミクスという言葉がありました。それをまねて私が２０００年初旬ごろにロジノミクスの時代が来るぞと言っていた時期があります。全然受けなかったし広まらなかったです。当然、皆さん、知りませんものね。物流の付加価値のキーワードとして、輸送の時代、ロジスティクスの時代、次はロジノミクスだと言ってたんですけど、言ったはいいのですが、まだ、具体的なイメージがないわけです。どんな産業かあまりイメージがわかなかったわけです。しかしながら、今、ロジノミクスそのものを体現している企業がありますね。アマゾンさんですね。アマゾンさんが物流を牛耳って、それを基にいろんな商品化、付加価値化をしておられています。アマゾンさんを真似できない状況になってきている。

さて、まだまだ、物流分野は手つかずの非効率的なところも多く残っています。旧態依然のビジネスだからチャンスがあるとも言われています。ぜひ、次のロジノミクスビジネスを考えて頂ければと思います。

ざっと話させていただきましたけど、ご清聴ありがとうございました。

長沢　どうもありがとうございました。（拍手）

9. 質疑応答

質問者（後藤） 後藤と申します。本日は貴重なお話ありがとうございました。Eコマースのお話をいろいろいただいたのですけれども、EC業界だと結構、スピードというのが1つのニーズにあるかと思います。結構いろんな方が参入する業種でもあって、簡単に始め、簡単にやめるみたいな、そういったニーズとかもあったりするのかなと、私は考えています。そういったところで3PL側に求められるスキルというか、提供できる価値というのでしょうか、そういうところで何か変化があるのかというのが知りたいと思います。

辻 通販事業はクリスマス商戦とか、波動が実をいうと大きい。通販物流を受ける側では、1個1個の出荷のための流通加工のほかに、労働力確保が一番の問題となってきています。通販の物流拠点も宅配事業者の拠点の近くとともに、労働力の確保のしやすいところに置く傾向もあります。余り、スペシャルなスキルではないのですが、繁忙期に耐えうる体制の提供が最も重要なスキルであり価値と思います。

質問者（西上） 貴重なお話ありがとうございました。資生堂で働いてます西上です。インバウンドの話題がすごいので、中国の人たちの参入のことで訊きたいと思います。私の知り合いでも79年レベルの倉庫を借りて、やり出している人がいます。彼らのように、転売で向こうに売ろうとしてる人たちがいるのです。そういうふうな参入といいますか、海外の人がこういうような倉庫を借りて参入をしているというのが、今どのくらいの割合で増えてるのでしょうか。

辻 分かりました。即答できないのですが、経済産業省が毎年、Eコマースの市場規模等を公表しています。その中に越境ECの市場規模も示されていますので参考にされればと思います。最近では、越境ECを行う事業者が大規模なスペースを賃借するケースも増加してきています。

長沢　それでは、ついでに私からお訊きします。倉庫業とか運送業は、誰でも始められるのでしょうか。許認可とか、何か必要でございましょうか。

辻　あまり詳しくないのですが、どなたか、詳しい方、おられます？　お願いします。

荻原　私、プロロジスの荻原といいます。この後（注：講義当日の4時限目）、講義をさせていただきます。ご質問は、倉庫業が簡単にできるかということですね。あれは許可を取るのは結構難しかったと思います。私どもも過去に1度、倉庫業の免許を取ったんですけども、不動産としては必要ないということでした。すみません、ちょっと答えになっていないのですけれど。

長沢　ということは、質問にあった、外国の方が始めているというのは、無許可でやっているのですか。

辻　定義がありまして、倉庫というのは、他人の荷物を預かってる場合は倉庫業なんですね。自分の荷物として扱ってる限りは問題ないんですね。だから、自分で荷物を購入したということになってると思います。なので、自分の荷物を扱っている限り問題ないのですね。

長沢　なるほど。ほか、いかがでしょうか。

質問者（呉）　呉と申します。本日は貴重な話、ありがとうございます。1つ気になったのは、自前の通販をやってる会社が増えてきていますけれど、マーケットプレイスみたいな、アマゾンとか楽天みたいな、そういうモールも増えてきていています。明暗というか、どっちがいいか、あるいは両方とも厳しいかもしれないのですけれど、教えていただければと思います。

辻　基本的にはモールが強いと思います。モールさんはこれから大規模化も含めて、集客からより強くなっていかれるかなと思いますね。ただし、モールもある程度の銘柄が決まってきていますので、その中でも、特徴を出さなければならない。バーゲン価格であったり、配送費を安くするなどがこれまで行われてきましたが、次の1手が求められている状況です。

長沢　質問が途切れたようですので、ご講義の補足をお願いします。

辻　それでは、最後にちょっとだけ追加的なお話しをさせて頂きます。2002年からプロロジスさんが始められまして、ようやくこのような大きなマーケットになったのですが、当初は、まだ、賃貸で借りるというマーケットがなかったところからのマーケット創造ですから、相当厳しかったんですね。それが今は単年で5000億円の投資規模のマーケットになってきました。マーケットを造りだしてきた、というところに物流不動産ビジネスの特徴と価値があるような気がします。

もう1つ、最近は倉庫事業者さんも借りられるようになってきています。マンション感覚で借りたらいいじゃないかというような倉庫さんも徐々に増えてきているようです。そういった意味ではますます物流不動産ビジネスの需要も大きくなって、広がっていくんだと思っております。

ただし、1つだけ、4大都市圏中心にこの開発は進んでいますね。最近、仙台、広島とかの開発もありますが、当然、地方都市圏でもこのような賃貸物流施設は必要となってくるわけです。しかしながら、基本、金融商品ですのでリスク評価されてしまうと地方圏での開発が難しいとなる。物流不動産全般の課題となりますが、今後の物流不動産における課題かなと思っております。

以上、これで終わりとさせて頂きます。ありがとうございました。（拍手）

長沢　今日は株式会社日本ロジスティクスフィールド総合研究所　代表取締役　辻　俊昭様に貴重なお話を賜りました。どうもありがとうございました。（拍手）

第3章

製薬業界の医薬品流通とエス・ディ・コラボの取組

ゲスト講師：株式会社エス・ディ・コラボ　代表取締役社長　副島秀継氏
開催形態：プロロジス寄附講座　ロジスティクス・SCM〈第6回〉
日　　時：2018年6月23日
会　　場：早稲田大学早稲田キャンパス11号館911教室
対　　象：WBS受講生

■会社概要■

株式会社エス・ディ・コラボ

本社所在地
〒101-0031
東京都千代田区岩本町三丁目11番6号　PMO 秋葉原6階
TEL：03-5835-3691
代表者　副島秀継
年間売上：非公表
経常利益：非公表
従業員数：39人
資 本 金：5000万円
設立年月：2005年3月1日
国内支店：秋葉原、淀屋橋
国内関連会社：スズケングループ子会社

副《そえ》島《じま》秀《ひで》継《つぐ》　略歴

昭和62年4月	株式会社スズケン入社
平成18年7月	株式会社コラボクリエイト出向　事業開発部長就任
平成22年7月	株式会社コラボクリエイト　代表取締役社長就任
平成26年10月	株式会社エス・ディ・コラボ（合併による商号変更） 取締役副社長就任
平成27年4月	株式会社エス・ディ・コラボ　代表取締役社長（現任）

長沢　「プロロジス寄附講座　ロジスティクス・ＳＣＭ」第６回目のゲスト講師として、株式会社エス・ディ・コラボ　代表取締役社長　副島秀継様をお迎えしています。「製薬業界の医薬品流通とエス・ディ・コラボの取組」と題してご講演いただきます。それでは、副島様にご登壇いただきます。拍手でお迎えください。（拍手）

副島　皆さん、こんにちは。エス・ディ・コラボの副島と申します。今回、プロロジス様、寄附講座でプロロジス様とはお付き合いをさせていただいております。私自身はもともと、医薬品卸のスズケンという会社に18年ぐらい営業マンとして日々活動しておりましたが、それはどちらかと言うと、クリニックに販売している、薬を販売するという行為をその事業体でしておりました。それがコラボクリエイトという会社を、卸で初めてメーカーさんの物流を請け負うということで、新たな事業のほうに参入しまして、それで約12年ほど経過したということでございます。

今回お話しする内容は、医療用薬品とは何かなどレベルの低い話からさせていただきますが、難しいこともありますので、ご理解いただいたら大変ありがたいなと思っております。よろしくお願いいたします。

1番に、医療用医薬品市場は、だんだん落ちていきます。大半はジェネリックに変わっていくという状況もありますけれども、日本の人口が減っていくというのも非常に大きな要因でございます。そんな中、ジェネリックを推進している日本においては、欧米に比べて制度が全く違うということと、そのサプライチェーンはどうなっているかというところ、それを一番に説明させていただきます。

2番目のスズケングループの紹介です。スズケングループは4大卸と呼ばれておりまして、医薬品卸は現在は70社ほどになりましたけれども、日本では4大卸という、3兆円、2兆円、1兆何千億という、こういう卸が4大卸という名前で呼ばれており、スズケンは三番手になります。ただ、2兆を超えているということでございますので、そういう強豪の中でスズケングループはどのようなことを行っているのかということです。

その中で、エス・ディ・コラボはスズケンの子会社ですが、会社設立時は子会社ではなく、株主のメーカーさんのために、メーカーさんに貢献する企業として立ち上がった会社です。

最後に今話題になっております再生医療等製品について動きがございまして、その辺の話もさせていただきたいと思います。よろしくお願いします。

1．医療用医薬品市場

医療用医薬品とは、皆さん、よくご存知だと思いますけれども、基本的には医療用医薬品は簡単に言うと医師の処方箋がある事。それ以外でもらえるものは、数少ない状況です。一般用医薬品は、皆さんがよくドラッグストアで買われるＯＴＣと呼ばれる薬です。これはOver the counterという名前で、カウンターの前で薬を買うというようなことになっております。今日私が話すのは医療用医薬品の領域でございます。

薬効とは少し分かりづらいので、簡単に言いますと、薬効は8つありますが、1番は大体、麻酔薬、てんかんとか、そういう薬です。2番が、高血圧とか高脂血症です。3番目は代謝性ということで、ビタミン剤とかそういう種類です。4番目はアレルギー剤。それで、5番目の生薬というのが漢方薬です。6番が抗生物質とか肝炎とか、病原生物に対する医薬品。7番が治療を目的としないということで、例えば検査薬、試薬、試薬の中ではエックス線の造影剤等で治療を目的としない医薬品と呼ばれております。8番の麻薬は、基本的にはがんになったときに疼痛に使うお薬だという認識で結構ですが、こういう薬効に分かれています。

2018年の4月の診療報酬改定は厚労省が決める、つまり国から発令されます。診療報酬の本体は、例えばクリニックの先生方が注射をしたりする費用などがどうなったかという意味で、つまりその費用は上がったということです。でも、薬のものはすべて下がった。つまり診療報酬が低い薬価改定でマイナス0・9、964億円下がったということですね。国の予算から下げますよということで、固定の改定をしたということでございます。

もう1つは、薬価改定の中で、あまり皆さんお聞きにならないかもしれないんですけれども、新薬創出加算という、こういう品目がありますが、これが主力を占めておりまして、最近話題ですとオプジーボと呼ばれる商品ですね。薬価が下がって、皆さんもご存知かと思うんですが、薬価が大幅に下がったというニュースをどこかでお聞きになったかもしれませんが、そういったものの製品が、売れ筋商品はすべて下げますよということですね。

長期収載品。これはある程度年数がたって、薬として安全性確立されたものが、ジェネリック製品として上市され、ジェネリックも販売になっている。これも大きく引き下げられております。それらのことを踏まえまして、大きく改定が行われたというのがこの2018年度ということでございます。

これが医薬品の市場ということで、10兆円と書いてありますけれども、大体8兆円ぐらいの、8兆円の真ん中辺ぐらいが大体の予算になっているんですけれども、それが2018年度から、伸びない状況が続きます。先ほど言ったように、患者さんも減っていますし、診療報酬が下げられている状況の中、医薬品市場は厳しい状況になってきているということです。

ここでC型肝炎と書いてあるのは、２０１６年に画期的なC型肝炎の薬が出ました。これがギリアドのソバルディとハーボニーという薬です。３カ月投薬されたら治るというものです。大体97％の治癒率です。あまりご存知じゃないと思うんですけれども、２０１６年度はC型肝炎の薬がものすごく売れたんですね。この2品目が医薬品市場で1位と2位を取ったということです。３カ月で治癒する。しかし1錠が10万円を超える薬価が付いているということです。

このような製品が出て、このC型肝炎の影響が大きいわけです。しかし、C型肝炎は治っていきます。今まで治らなかったものが治っていくということなので、市場の中では急激にC型肝炎の売上を伸ばしており、既存の医薬品売上とC型肝炎治療剤は分けて考えているということです。

次にカテゴリー別です。カテゴリー別の中で、ジェネリックは皆さん思ったほど増えない理由は、金額が増えないということです。変わっていっても、例えば１００円のものがいきなり50円の薬価になるのです。ジェネリック品は次の薬価改定でさらに半分になってしまう。そうなると、売れているものが普通に売っても倍以上売らないと前年売上にいきません。また、ジェネリック品が思ったほど伸びない理由は、物量は増加しますが、薬価が下がるため売上金額が増えないというふうに見ていただければ結構です。

また、長期収載品は市場が減少しており、全医療用医薬品市場の15・3％ということになっておりますが、今までは結構な値引き率でできるだけ良い薬を投薬したいということで、ジェネリック品が出ていても、従来の製品を皆さま方に勧めたりしていた時代があったということです。これは大きく下がっていきますよということですね。

次に増えてくるのが、先ほど言いましたように、新薬創出加算と呼ばれるここの領域のところが一気下がりましたけれども、先ほど言った小野薬品のオプジーボのような薬が、特許なし、特許のあり加算対象外品というのに入りますので、こちらの領域が増えてくるということです。ただし、それ以外にもオーファンドラッグと呼ばれるスペシャリティドラッグ製品は今後増えてくるということです。

今まで日本では、100例もない症例のない薬はほとんど日本では発売されていなかったんですけれども、ここ最近、4例でも新薬として発売されておりますし、そういったスペシャリティドラッグ品を扱う会社が日本に参入してきていると。皆さんよくご存知なのは、シャイアーさんという会社が今度タケダに買収されますけれども、そういった会社を買収するということは、スペシャリティドラッグが世界的に伸びてくると、こういう予想がされているということでございます。

それと医薬品の管理は非常に重要です。皆さん、管理についてあまりご存知ないじゃないと思いますが、室温と呼ばれる、普通の常温で管理してくださいというものがございます。内容は1～30℃、または15～25℃の温度管理という意味です。これはGDPと呼ばれる基準に基づいた基準で、この空調環境の中で温度管理するものです。

もう1つは、冷所品というのがございます。これは1～15℃と書いてあるのですが、基本は2～8℃。1～15℃というのは、座薬なんかありますね。あれは15℃以下じゃないと溶けてしまうので、冷所品と呼ばれるものなんですが、皆さんが打たれるインフルエンザワクチンとか、麻疹ワクチンとか、あれは2～8℃の中で温度管理をしないといけないいんです。製品の温度を逸脱してしまえば、すべて廃棄となるのです。このような管理をしなくてはいけないということが医薬品の中では決まっています。人体に注射するということですので、厳格な管理だということです。

あと冷凍品。冷凍品はそれを解凍して投薬するということですね。あと毒薬もございますけれども、毒薬の場合は管理の段階でシャッターをしたり、見えないように管理をしないといけないため毒薬品は特別な管理がされている。向精神薬は、睡眠薬とか抗不安薬とか、そういった神経に作用するような薬。これは、ネットフェンスとかで囲んだエリアで保管が義務化されております。それも施錠管理もきちんとした中で管理しなきゃいけない。こういうセキュリティ管理が決まっております。

危険物は、消毒剤とか、手の消毒剤とか、あれはどちらかというとアルコールなので、揮発性のものだということで、危険物ということになります。すべてそういったものは危険物になってしまうということですね。あと、スプレーでやるものですね。火傷した際にスプレーするもの。こういったものは揮発性のものですので、危険物という扱いになっております。

麻薬は先ほど話したように、痛み、疼痛で使うようなものですね。これはメーカーさんが管理して、自身の責任で保管、出荷をしないといけないという決まりがあります。これは5大メーカーというのが大体もう国内で決まっておりますので、武田さんとか第一三共さんとか田辺さん、シオノギさん、大日本住友、この5つの国内メーカーが、5つの麻薬取扱メーカーということで認定されておりまして、こういう扱いをしないといけないので、麻薬庫ということで更に特別な管理が必要です。麻薬庫は10㎝の壁厚がないといけないとか、金庫扉みたいなものでないといけないとか、いろいろ決まりが厳しい。いままで説明したように厳しい管理で医薬品の場合は保管しないといけないということになっております。

先ほどちょっと制度の話をさせていただきましたけれども、図3－1に示すように、日本の場合は薬価基準というのがありまして、公定価格制度と。要は国が定めた制度だということですので、厚生労働省がこの薬は100万円ですよ、この薬は100円ですよと決めるわけですね。それをわれわれがいる卸が、メーカーさんには価格交渉する権利がありませんので、すべて医薬品卸が先生方と交渉して値付

図3－1　日米英の薬価制度の違いと日本の独自性

	日本	アメリカ	イギリス
公的価格規制	有り：公定薬価制度	無し：自由薬価制度	無し：自由薬価制度 ※利益率の上限規制有
新薬価格設定	厚生労働省が決定 ※類似薬効比較方式か原価計算方式で決定	企業が自由設定 ※諸要因に基づき企業の自由決定	企業が自由設定 ※許容利益率の範囲内で、諸要因に基づき企業の自由決定
薬価改定 ※既存薬価見直し	国が薬価引き下げ ※一定要件を満たす新薬を除く	企業が任意に改定	企業が任意に改定 ※許容利益率の範囲内で
薬価改定頻度	2年ごと ※毎年改定も検討中	無し	5年ごと

日本独自の薬価制度

1.薬価調査

⇒薬価改定の為、市場実勢価格調査を行い薬価と納入価格の乖離率により薬価を引き下げる。

2.薬価再算定（市場拡大再算定）

⇒発売前の予想販売額を大幅に超えた医薬品を現行薬価改定ルールに関係なく、厚生労働省が強制的に薬価を引き下げる。(市場拡大再算定は、年間販売額が極めて高い品目が対象)

※薬価は基本的に「R2方式」で改定される

R2方式：現行薬価100円、納入価格88円の場合、新薬価は88円×消費税＋調整幅2%＝97円

製品価値を維持するためにR2方式を理解して販売する事が重要なポイント

けをしておいて決めるわけです。そこの交渉制度が日本だけ、決まった薬価制度というのがあるわけですね。その薬価制度に守られているという部分もございますけれども、国が薬価を下げるということと、2年ごとということで、18年に起きましたので16年に前はあったということですね。2年ごとに薬価改正があると。今まで高いものが下げられていくという、こういう制度なんです。

ただ、アメリカとかイギリスは自由薬価制度になっておりまして、いくらでもいいということですので、日本とはまったくかかる医療費が違います。アメリカの場合は、ジェネリックが出た瞬間にすべて変わってしまうぐらいの制度の違いがあります。日本の場合は2年ごとに、薬価改定で薬の金額を引き下げる事で保険で対応できるようにしてきたわけです。

また、R2方式というややこしい方式が基本になっており、100円のものを88円で医療機関に納入していた。ここで政府は薬価調査という年2

回の調査で、医薬品卸とか医療機関で買った販売価格を調査し、厚生労働省に提出しております。納入価格はいくらで入っているかと。それを厚生労働省が調査後、この薬は次の薬価改定でいくらにするかを決めるわけです。

ということで、たまたま実勢価には88円と書いてありますけれども、これは70円の場合とかいろいろあるわけです。これに新薬価は、その納入価、88円に消費税をかけて、さらに2％を足したものということで、この計算でいくと97円ということですが、こういう決め方をしているということでございます。その代わり、納入価がものすごく安く入っているものについては、相当下がると思っていただければいいです。そういうふうな形になっていると。日本の場合はそういう意味合いだということでございます。

これは、医療用医薬品のサプライチェーンという点で、皆さんにお示ししておりますけれども、基本的には厚労省がすべてを決めますということです。厚労省が決めるんですけれども、これを厚労省がメーカーさんに薬価をまず伝えます。今年いくらですよと伝えます。それで、厚生労働省が認めた健康保険組合、保険者、健康保険組合とか国民年金保険、そういったところに助成金を出します。これは国が認めないといけないわけですから、このようにします。

基本的に皆さん、被保険者と患者さんが保険料を払いますけれども、皆さんが病気になったら病院に行って受診します。ここで服薬指導を受けます。それで投薬すると在庫が減るので、薬を医薬品卸に発注しますね。医薬品の卸に発注します。スズケングループであれば、スズケンが医療機関に供給するわけですが、医薬品卸も在庫がなくなったら、メーカーさんに発注して、医薬品卸の物流センターに供給するという、こういう構造となっております。

最後に支払いの部分はどうなっているかと言うと、病院さんは医薬品卸に支払います。医薬品卸はメーカーに支払います。従いまして、医薬品卸は債権リスクも担っているということです。診療報酬を支払われる支払基金の支払いサイトがありますが、クリニックですと申請して3カ月後にしかクリニックにはお金は入って来ません。薬局は2カ月の支払サイトがあるわけです。診察時に診察室で記載するレセプト（カルテ）というのがあって、レセプトを支払基金に提出して、その内容について審査でチェックしているわけです。それをOK出した段階で、クリニックさんや薬局さんに支払われるわけです。従いまして、このサイトを医薬品卸が握っているというのは事実でございますし、ここがつぶれてしまったら、医療機関のほうからお金がもらえない場合もありますしね。メーカーさんは医薬品卸がもらったお金をもらうような、そのような構造になっているということでございます。

そういった情報も含めて、医療情報も含めて、そういう情報網をメーカーさんと病院さんからもしっかりもらいながら、病院さんとの厳しい価格交渉、特に薬局さんには価格交渉は厳しい状況になっているんですけれども、医薬品卸としては非常に苦しい、粗利益な利益の中でやっていかないといけない状況になっているということでございます。

2. スズケングループの紹介

一連の構造の話をさせていただきましたけれども、医薬品卸、先ほどの医薬品卸のグループの中で何をしているか。図3－2はスズケングループの事業領域になりますけれども、スズケンというのは、基本的に図3－2の中ほどの医薬品卸事業というのがメインです。先ほど言いましたように、私がクリニックで売ってきたり、薬局で販売したり、そういった販売するという事業が最も大きな事業になります。

しかしながら、買うほうの側は、薬局さん。薬局さんもスズケングループはかなり持っています。ス

図3－2　スズケングループの事業領域

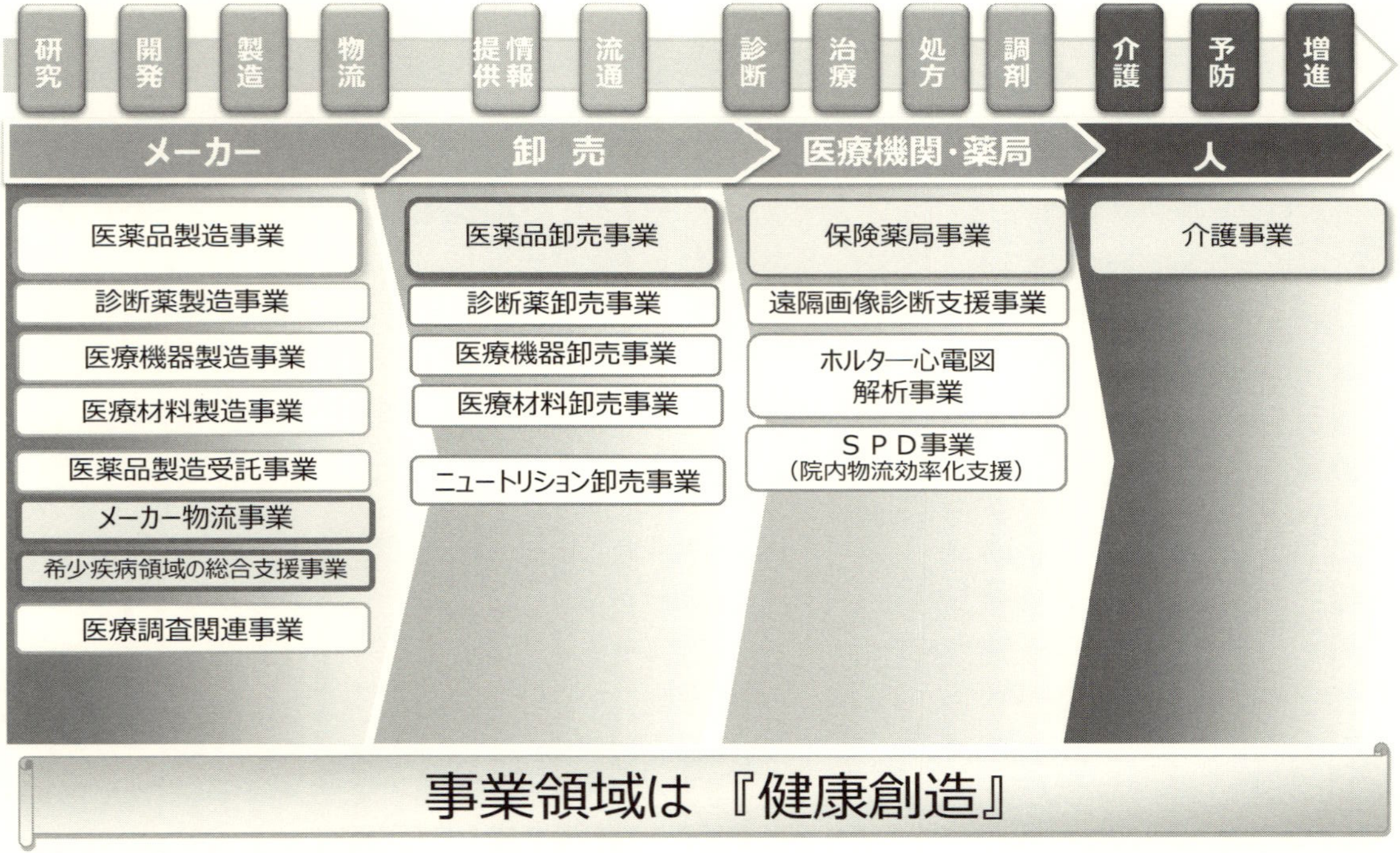

ズケンが買っているということです。介護事業という分野もやっております。メーカーはというと医薬品の製造、開発などに注力しています。スズケングループは三和化学というメーカーさんを持っており、メーカー物流事業もあります。メーカーさんの物流を外部委託により一手に請け負う、受託をするという事業です。ここは商社系との競争です。三菱さんとか日立さんとか伊藤忠さんとの、競合相手との戦いをするメーカー物流事業となります。

もう1つが、過去、日本では、日本国内の患者数が4人以下の場合、薬は発売されませんでしたが、先ほど言いましたように今では、日本国内の患者数が4人でも発売される薬が出てきております。私たちがそのようなスペシャリティドラッグを購入し、ある一定の絞った医療品卸で扱っております。希少価値のある高い薬ですので、廃棄ロスをなくすためにも、あまりたくさんの医薬品卸に販売チャネルを持つと在庫が残ってしまいますし、高い薬剤を廃棄しないといけないということになりますので、その悩みを解決するため、こういう事業をやっています。ここは、この後ちょっと説明します。

スズケングループの事業領域、少し説明しましたが、図3-2の一番上は全国のスズケングループの卸と思っていただければいいです。九州とか四国とか岡山とかそういったところは、スズケングループの卸であって、スズケンが売っているわけではないんですが、スズケングループであるということですね。それと医薬品の製造は三和化学研究所が当たっています。保険薬局は、買っていると言いましたが、ファーコスという会社を買ってスズケングループで運営しているということです。医療機器の会社もあり、聴診器とかを販売しておりおます。また、介護分野もやっており、更にはメーカー物流の領域、物流と呼ばれる領域の中では、エス・ディ・ロジ、中央運輸、エス・ディ・コラボという会社が担っていると、このような状況になっております。

保険薬局事業につきましては、スズケングループの中で、全国で600以上の店舗をスズケングループが持っています。2017年度の売り上げは1000億以上の売り上げとなっております。買うほうの側のほうをスズケングループが押さえているということです。そのため、2000人以上の薬剤師もいますし、無菌製剤ですね。患者さんにすぐ届けないといけないようなもの、こういう調剤技術を持った設備も持っているということでございます。

介護事業。こちらについても、サンキ・ウエルビィという中国地方にある会社と、関東中部地方ではエスケアメイトという介護事業、これを5年ぐらい前にエスケアメイトという事業も始めまして、介護のほうも含めて、エスケアメイトは20拠点、サンキ・ウエルビィは80拠点の介護施設を持っているという状況になっております。

先ほど、私がMSをやっていた、医薬品販売をしていたという話ですが、その販売をしているMSはどういうことをしていますかということですね。MSが価格交渉をするわけですから、メーカーさんに対しては商品の販売促進活動や納入価格の交渉、それらに対してアローワンスを支払っているわけです。メーカーさんは何パーセントかのアローワンスを医薬品卸に支払って、この製品を今月は売ってほしいとか、そういう話もするわけです。

メーカーさんは医薬品卸のMSより数が少ないので日々、何軒医療機関などに訪問できるかというと、そんなに多くは訪問出来ないです。これをMRさんと言いますが、MRさんは先生の診療時間には面談出来ないため、基本的には診察時間外に会わなければならず、数多くいないためそれに割いている時間がないわけですね。その点、医薬品卸は、毎日とは言いませんが、訪問頻度は非常に高いので、医療機関の様々な情報を持っているわけです。

例えば、あるAクリニックさんは小児科のクリニックですと。Bクリニックさんは内科ですと。でも、内科の先生は専門は消化器だと。でも、内科の中で内科と小児科をうたわなくちゃいけない。内科の中に小児科のお客さんも取り込みたいので、そういう場合は内科・小児科を標榜できるわけです。となると小児科の先生の、この数多い小児科をたくさん例えば薬を投薬している場合、この先生がどういう薬を使っているか、こちらの先生はすごく知りたがります。それをすべて教えるかどうかは別にして、「先生、こういうお薬がいいですよ」ということをご紹介できるという医薬品卸のMSの存在価値が1つあります。

メーカーさんは自分の売りたい薬しか言いませんのでほかの競合品を比べて、自分の売りたいものを先生方に言うことしかないんですけれども、MSは様々な診療科を担当しており、その科によってどのような薬が使われているか。先生方にはスズケンが取引のない武田薬品の薬が良いですとアドバイスできるような存在、本来はそういったところは宣伝できないんですけれども、そのようなアドバイスできる存在は購入する側には非常に大きな要因があると思います。

先ほど医療機関との価格交渉を請け負うことが一番ではありますが、競合品の比較だったり、副作用に関する問い合わせ。「副作用が出ちゃったんだけど、ちょっとメーカーさん呼んで来てくれないか」とか、そういう相談もよくあります。あと回収ですね。これは副作用が出てしまって、その薬をメーカーさんが回収したい場合、回収とは違うロットの在庫がある場合、MSがすべてその在庫を把握して、先生のところの製品を回収してくるという役割になっています。販売しているのが医薬品卸ですので、メーカーさん自身が回収できないわけです。

また、先生に対して患者さんを増やすために、こういう企画をやりましょうとか、患者さんを集めて

図3－3　スズケングループのインフラ概要

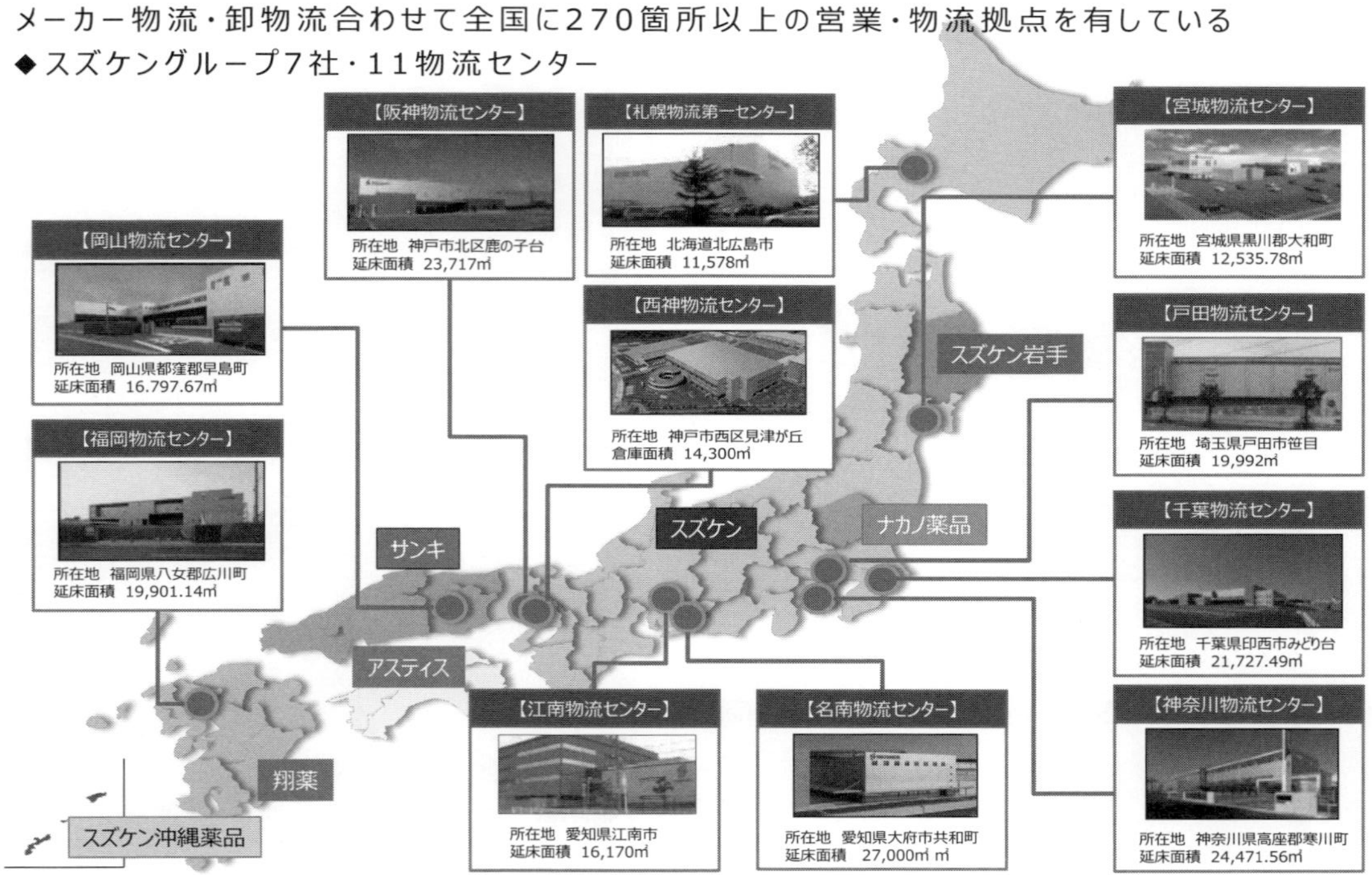

こういうビデオを見せましょうとかを提案するのがMSは重要なわけで、その情報をメーカーさんにお伝えするわけですね。先生からこういうニーズがあったよということで行ってほしいとか、そういう依頼をしているということでございます。メーカーのMR様は自分たちの製品を正確に先生にお伝えして、副作用も含めて、いい情報も含めて、切り替えたいという感じで、MRはそういう活動をしているということでございます。

スズケングループのインフラという部分におきましては、図3－3に示すように、スズケンの、先ほど言ったグループの中にグループ卸があって、最初にメーカーさんから医薬品供給のために保管できる物流拠点を設けないといけないということで、スズケングループは11の物流センターにメーカーさんの拠点から送られているわけです。医薬品卸はさらに、物流拠点からエリアの各支店に送って、その支店のエリアの範囲の医療機関、薬局、病院に運んでいるということでございます。でも、医薬品卸としては物流センターだけではすべてのエリアの納品をカバーできないため、各エリアの支店に毎日送っています。最終、その支店かたの医療機関まで配送しています。これが物流インフラの中身になっておりますす。こういったことで、全国に270カ所以上の営業所というのがあるということですね。これが先ほど言った、営業所からMSが出て、いろんなエリアの先生方とか薬局を回っていると。そこに物流も発生しているという状況です。

3．エス・ディ・コラボの紹介

先ほどお話しした卸の流通という分野と、制度という問題と、いろいろお話しさせていただきましたけれども、ここからは私どもが2005年に会社を立ち上げてから、13年でやってきた内容についてお話をさせていただきます。

メーカー物流の領域、それとスペシャリティドラッグの希少疾病の薬を買って販売していただく領域、それによってメーカーさんのニーズをどのように解決していくかということをやっている会社でございます。メーカーさんのためにお役に立つ企業として、設立したということでございます。

先ほどメーカー物流の領域というお話をしましたが、メーカーさんの倉庫とか工場とかというのは別にあるわけですね。それが海外だったりする場合もあります。そのメーカーさんの物流の領域をまず始めたのが、前身のコラボクリエイトという会社でございます。それに卸流通を絡めて、メーカーさんの治験の薬を医療機関に直接お届けする仕組み、所有権はメーカーさんのまま医療機関に運ぶ事業もやっています。

4．エス・ディ・コラボのスペシャリティケア事業

それと、先ほど言ったスペシャリティケア事業。これが希少疾病薬の流通コーディネートをするという事業をやっております。

スペシャリティケア、先ほど言いました希少疾病薬のほうですね。海外から新たに日本国内に入ってくる企業は、いろんなリソースを使いたいと思っています。それと、あまり人員を増やしたくない。例えば、そんな少ない患者さんなのに、何人もたくさんの従業員がいたら会社が成り立たないわけです。多くの医薬品卸に回って取り引きしてくださいと言うのも人員が必要になります。それと、自分たちで物流倉庫を新たに頼んでやってもらわないといけない。こんなこともやらなくてもよくなるというのが私どもの会社なので、メーカー物流をやっている、さらには販売網もエス・ディ・コラボでやっている

ということですので、メーカーさんは入りやすい環境にあるということですね。

そういったニーズの中で、今、イタリアの会社だとかいろいろな会社にアプローチをかけて、いろいろ話をしている最中ではございますけれども、やはりグローバルな企業は希少疾病薬、1品目でも日本に入れてきたいというふうに思っている状況であるということでございます。それはなぜかと言うと、一番大きいのは、1品目、対抗品がないということですね。価格を安くする必要はないということと、1社流通であれば1社しか売れないですから、価格も下げられない、こんなモデルをつくっているわけです。これがまかり通っているという状況にあるということでございます。

スペシャリティ事業の流通モデルは、製薬企業からすべてエス・ディ・コラボが薬を買います。それで、私どもから、この物流センターに送ってくださいという指示をメーカーさんに出します。それは例えばスズケンの、先ほどの物流センターの2カ所に送ってくださいとか、患者さんはここにしかいないので、2カ所に送ってください。あとのガバナンスは、スズケングループのすべてのMSに落とし込みをして、価格を出させない。情報はすべてMRさんと共有する。そういうのをすべて私どもで、すべて全国を押さえた上で、流通マネジメントをさせていただくということをさせていただいているわけです。こういうモデルをスペシャリティ事業のモデルとして、12年、２０１２年から始めたということでございます。

ミッションですね。先ほど、皆さんには何回もお話ししているかと思うんですが、全国を最小在庫で在庫コントロールする。例えば東京、大阪に患者さんがいました。大阪で患者さんが亡くなりました。じゃあ、そこにある在庫を東京に動かします。こちらにあるやつを引き取って、東京に動かして、なるべく高い製品を破棄しないようにすると。これが1社だからできる。こういうことをしていくことが非常に重要だということでございます。これはメーカーさんも望んでいることです。1製品で、さっき30万と言いましたが、スペシャリティドラッグで今扱っている中で一番高いのが300万円という、1アンプルですよ。1アンプル300万円と呼ばれる製品もあるわけです。そういった製品はすべて廃棄ロスをなくしたいという思いがありますので、それを在庫コントロールするということがまず重要です。

それと2番目、先ほど価格交渉はかなり厳しいと言ったのですが、製品価値に見合った販売価格の実現ということで、先ほど88円というものを示しましたが、仕切り価という、例えば8％消費税をかけて100円になるのが、大体92円いくらですかね。それの価格を下回った実績は1件もないということです。それを先生方に話して、この希少疾病薬に使う薬として、製品価値を分かっていただいて交渉してもらうということですね。MSがしっかりと交渉してもらうということが2番目です。

3番目は、今まで卸は販売の施策を打ったりして、この薬を今月100本入れたらたくさんくださいと言って、50万くださいとか100万くださいと言ってアローワンスをもらっているのですが、私どもは物流にかかわる費用、作業する費用だとか物をトラックで移動する費用だとか、あとは特殊な温度管理ができる保冷ボックスを使ってくれとか、そういったやつをすべて機能分化し、メーカーさんに新たな機能によって、単価をメーカーさんに提示していると。これはどちらかというと国内メーカーさんよりも外資メーカーさんに納得してもらえる機能です。通常販売においては拡大販売施策などでアローワンスを頭を下げてもらうこともまだあるわけです。4大卸が大体占めておりますので、利益が欲しいですから、頭を下げることもあるんですけれども、私たちはこういう形で機能単価として提供しているということです。

それと4番目、処方情報というのは、この希少疾病の患者さんというのは少数なわけですね。どこの病院でどの先生が使うかは専門医になるため予想がつくわけです。そういった情報を、病院に行っているMSとか含めて情報収集したものをメーカーさんにお伝えすると。そうすると、メーカーさんも効率的に回れますし、メーカーさんがいろんな病院に行って待たされることもありませんし、今、訪問規制ものすごく厳しいので、病院とかはほとんど会えないわけですね。待っていても全然会えないわけです、MRさんは。そういった中では、この希少疾病薬はここに使っているというのが分かっていますし、この先生が使っているのが分かっていれば、この情報をお伝えして、メーカーさんに行っていただくと。こういうことを効率化するのを実現できるというのをやっております。

もう1つは、ほかの企業も希少疾病薬の事業をやり始めておりますが、私どもは経験と実績を持ってやっておりノウハウをかっていただいているというのがあります。この5つのミッションをもとに、スペシャリティドラッグ事業をやっているということでございます。

それ以外の競合の話です。4大卸と呼ばれるところがすべて新しい会社をつくって参入してきているというのが実態です。メディセオは、メディセオ・パルタックと呼ばれる、医薬品卸の中では一番、3兆円を超える会社です。2番がアルフレッサと呼ばれる医薬品卸。メディセオはSPライン、アルフレッサはエス・エム・ディィ、東邦薬品も1兆円を超える4大卸の中の1つ。これはオーファントラストジャパンという会社をつくっております。

5. エス・ディ・コラボのSCM事業

弊社の中で2つ目の事業としてサプライチェーン事業があります。物流のビジネス基本フレームとしては、私たちは企画提案をしてコーディネートするという話をしました。われわれがコーディネートをしますが、メーカー物流の保管施設というのは、２００５年に藤沢薬品、現アステラス製薬なんですけれども、藤沢薬品と山之内が合併したときに、藤沢薬品のメーカー物流のセンターと人をすべてスズケングループで買ったわけです。そういった人たちと施設というのを最初に買ったことで、メーカー物流を提案する機能を、私どもで機能をもらえるということになったわけです。

それと同時に、ＰＪＤネットワークと呼ばれる、Profit Joint Delivery という意味で、医療用医薬品を専門で運ぶ会社。

この中で、スズケングループ木会社の中央運輸さんは、トラックを持っています。トラックは毎日、医薬品メーカーさんを１００社集荷して、東京のメーカーさんですね。東日本と西日本に大体倉庫があるんですけれども、メーカーさんというのは。東日本のメーカーさんを毎日１００社を集荷して、あらゆる医薬品卸の物流センターに届けている、簡単に言うとそういう会社です。保冷車をかなり保有しておりますので、温度帯もきちんとなったトラックを使って配送している会社だと思っていただければと思います。

寄附講座のプロロジスさんの宣伝をするわけではありませんが、プロロジス様の物流拠点は図３－４に示すようにこの3つ。西日本物流センターと六甲物流センター、筑波物流センター。いずれも免震センターでございます。この3つはプロロジス様の物流拠点として今、稼働していると。この12年間の間に2拠点から一気に11拠点まで、先ほどのメーカーさんを受託することによって増えていったと。

メーカー物流は東西にほぼ2拠点持っています。この2拠点から卸にすべて配下する仕組み。東西に持っているということです。今回、茨城で地震がありましたが、基本的には私どもは神戸なので、揺れは4、免震装置が働いて、その上の揺れは３・５ぐらいでした。数値的にも出ています。三菱倉庫さん

図3－4　メーカー物流拠点（SDL物流オペレーションセンター）

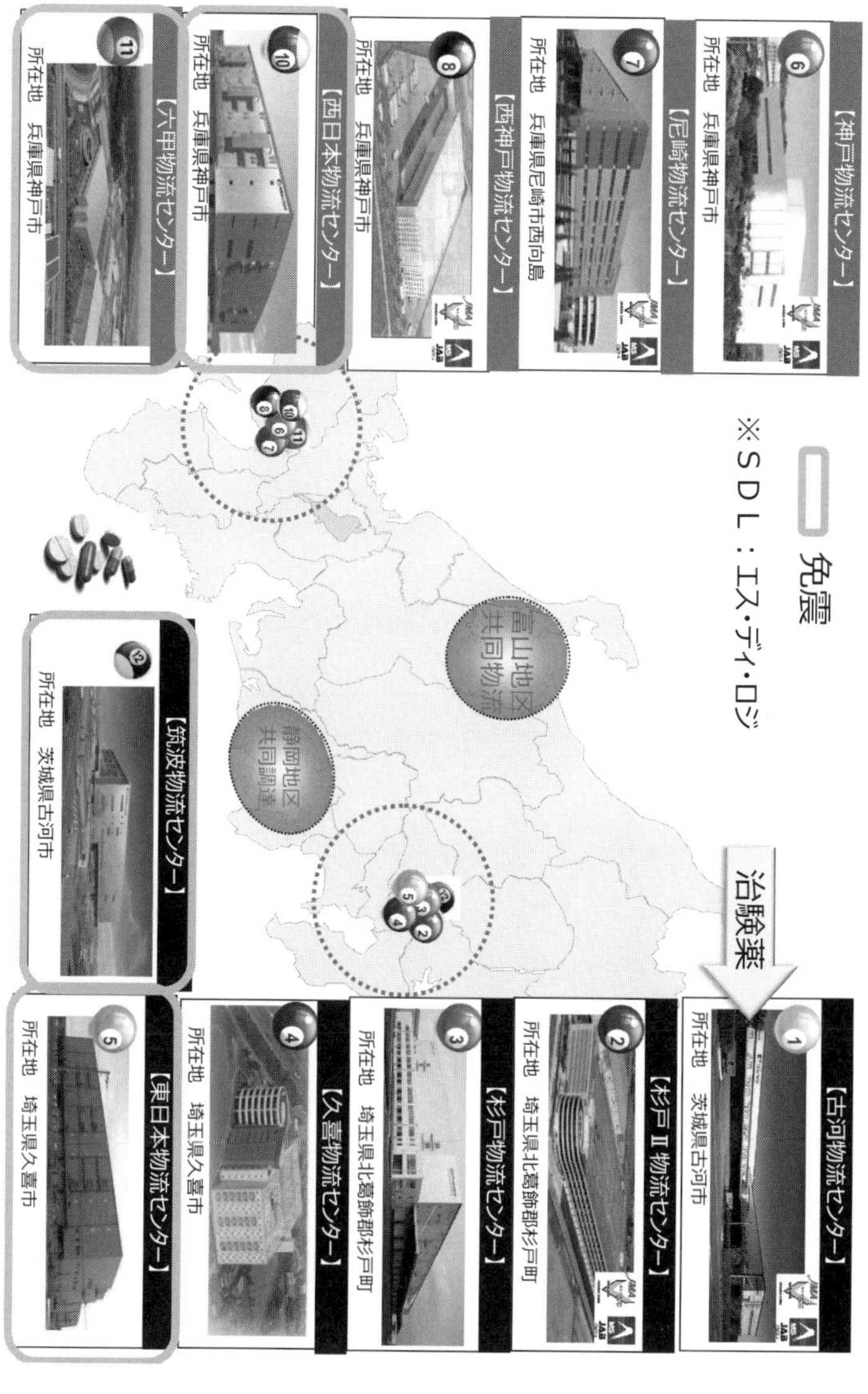

は茨城にあるので、いろいろ倒れたと聞いておりますけれども、その場所にもよります。われわれは活断層がないかとか、いろいろ地域の立地も非常に建屋のところは重要なので、いろいろとお話しさせていただいて、メーカーさんの物流は東西2拠点を基本にやっています。

最近はメーカーさんによっては、ジェネリックメーカーさんは24時間以内に届けないといけないという使命がありますので、北海道、九州にも拠点を持っているメーカーさんもあります。でも、メーカー物流保管拠点の基本は東と西に持っていて、東日本は北海道から静岡あたりまで、西日本は東海エリアから九州、大体営業圏で縛られておりますので、それがメーカー物流仕組みになっております。

図3－5が、2017年1月からプロロジスさんで私どもが新たに稼働させたセンターです。こっちにあるのが六甲物流センターで、プロロジスさんをネットで見ていただくと、プロロジスパーク神戸Ⅰとか神戸Ⅱというのは、私どもで今使っているセンターだと。医薬品しか入っていない倉庫のセンターだと思っていただければいいです。両方とも医薬品だけ、私たちだけということです。

プロロジスパーク古河のⅡというのが、プロロジスさんで検索すると出ますが、われわれは、筑波物流センター、筑波にないんですけれども、筑波物流センター。こっちは六甲物流センターという名前になっているということでございます。ここは簡単に言うと、免震があって、こんな電力供給、自家発電があって、外壁もこういう状態なので、非常に温度帯もしっかりと守れる環境にあるということでございます。

これは日本初というふうに思っていただければいいんですが、卸とメーカーを一緒くたに入れたセンターになっているということです。スズケンの物流センターをここの中に入れました。メーカーの物流センターを入れておりますので、スズケンに持って行く分はエレベーターで即入荷が上げられる、垂直

図３－５　六甲物流センターと筑波物流センター

統合モデルを実現したセンターということです。輸送会社のターミナルもここに入っておりますので、有事の際には卸からの出荷もスムーズにいき、輸送会社が発車できる仕組みであるということでございます。

さっき、ＰＪＤネットワークの話をしましたけれども、大体全国で運んでいる輸送会社の一覧です。地域に特化した輸送会社を使うということです。保冷車を持っていますし、温度のバリデーションをしっかり取ったトラックを使わないといけないということもございますので、地域により医薬品専用の会社があり、その会社で医薬品は運ばれるということでございます。

6．メーカー物流のＢＣＰ対応

メーカー物流のＢＣＰ対応というところでございます。ここは少し長くなりますけれども、ポイントは、われわれがメーカー物流で話をしているときに、今一番のポイントは、やはり２０１１年の東日本大震災があったということで、ＢＣＰとＧＤＰ対応が必須だと思っております。特にメーカーさんの場合は、メーカーさんのセンターが倒れてしまったら卸に供給ができないという、これは大きな状態になってしまいますので、やはりメーカーさんのセンターはつぶしてはいけない。ＢＣＰ対応３つです。

ＢＣＰ対応は、、受電設備を津波が来ないように2階以上にしている。自家発電の電源装置を1階に置いておいて、津波が来て水浸しになったら使えないわけです。だから、最初から2階に上げている。物流センターが2階ですから、1階で7ｍ位の高さがあるため本来は44階ぐらいの建物になっており、受電設備を上に上げるという行為もしています。

さらには、空調で、温度が切れて、停電だというわけにはいかないので、空調も2系統に分けているということです。１個のものが壊れても、もう１個の空調が動く系統をつくっているということです。普通の空調は１系統でつながっているだけです。この系統がつぶれても、もう１個の系統で空調を完備して医薬品の品質を守る、これをしないといけないということで、このようなことをしています。さらには、もしそういうふうになったとしても、こういうビニールカーテンの間仕切りなどをして、温度が外に出ないようにするというのも非常に重要ですね。あと、誘導雷対策もいろいろしないといけないんですけれども、ここら辺はこういうことがあるということでございます。

もう１つは、保冷品の場合は空調設備の情調化ということが非常に重要だということです。機器故障したときにどうするかですね。あとは、１つの電源装置が壊れた場合、こっちの電源装置が稼働するとか、これを二重とか三重をかけて医薬品の場合は守っているわけです。そういうことをした上で、さらに何日間かそこから出られないという状態になったときに、畜冷材などを10トンぐらい投入して、その温度を何日も守る。守って、医薬品を絶対に逸脱しないようにするというようなことをしているということでございます。

あと温度監視。これは、温度が付いていますと。でも、温度センサーが付いていても、その温度センサー1個が壊れたらパーなんです。これを二重化しているということです。簡単に言うと。もう１系統付けていて、こっちが切れてもこっちで付きますよと。なぜこんなことをしないといけないかと言うと、メーカーさんのリスクヘッジっていろいろあるので、こういうことをしないといけないということです。

それと、いろいろ自分で触れないように、Part11対策という、これは普通に医薬品業界ではあるんですけれども、改ざん防止機能を付けないといけないということで、誰かが触って、いじるとかできないようにしているということです。改ざん防止機能を付けないといけないということです。あと、これらの機械もすべてバックアップしないといけないということで、もし電源が落ちても、ここだけはバックアップを守らないといけない。温度帯が出るとか、そういったところですから、品質が何度になっているか分からなくなってしまいますので、これを守るということが非常に重要だということでございます。

あとはシステムです。システムのインフラの二重化も必要です。例えば、さっき東西の物流センターが2つあると言いましたが、どっちかのセンターが壊れちゃったと。じゃあ、東日本から急に出せるかというと、出せないわけです。システム上は。そこのシステムは東日本エリアしかもともと管理していないんです、最初。しかし、メーカー物流の場合は、両方、東日本から西日本もすべて出せるような仕組みを入れているということです。それがもし西日本がつぶれたとしても、東日本から全国に出す機能が付いていて、サーバもバックアップしているということですね。これをしないといけない。システムのインフラも二重化するということをやっています。

あと、異常時にどうやって対応するかというところについても、三重化を図っているということです。それぐらい品質を担保しないといけない。人体に入る薬が全部なくなってしまったら、皆さんに届かないということをしちゃいけないので、セコムは当たり前なんですけれども、危機会社ですね。あとはわれわれすべてに異常事態、ちょっと異常の予兆が入る場合、すべて連絡がくるようになっていまして、じゃあ、それでいったときに、誰がそこに行くかというところまですべて決めているということです。

例えば今、物流センターでいくと、震度4だったらすべて行くことにしておりまして、震度4でも、行ったら3ぐらいかもしれませんが、4という数字が出た段階で駆け付けるということ。それぐらい近くに皆さん住んでいて、近くに行ける体制を取らないといけないという、そういうようなことをやっているということでございます。

あとは輸送の二重化もしております。これは、一次輸送はこの会社を使いますが、もし二次災害が起きてこの会社が使えなくなったときに、どこの輸送会社を使うかと、これも非常に重要なことになっておりますので、すべてのここの会社と契約をして、ここが駄目だった場合、次こっちということでございます。エス・ディ・コラボでも、輸送会社の配車マンを3人ぐらい私どもに出向させているので、もし何かあったときに、PJDネットワークだけじゃなくてエス・ディ・コラボの中でも配車できる機能を持っているということでございます。有事の際には、そういう輸送会社の出身者に、いろんな会社に電話してもらうという機能があるということでございます。

あとは立地の話です。先ほど皆さん言いましたように、活断層の話って今回茨城の地震でだいぶ言われていたと思うんですけれども、あまりこういう場で言っても、皆さんあまりぱっとこないんですけれども、この間の茨城はだいぶ活断層のそばだったと、こんな話があったと思うんです。だから、断層までどれぐらいの距離ですかとか、津波は来るんですかとか来ないんですかとか、あと洪水は来るんですかとか、こういうものをすごく考慮しなくちゃいけないというのが立地ということですね。

これは例で出しておりますが、筑波と六甲はこういう状態ですということです。特に神戸の場合は標高176メートルの場所にセンターをつくっておりますし、岩盤、下が岩なので、津波も来ないですし、地震がきても問題はないということで、断層も離れている。こんなようなことをメーカー様に提案して、拠点をここにしたらどうですかという提案をするのも大事な話になっているということでございます。

あとは、交通網もすごく重要です。もし地震とかあってつぶれた場合、どの道を走って届けるかというところについても、それもすべて調べてありまして、ルートもいろいろ持っているということでございます。免震の採用については、当然BCP対応で今やっているということです。

BCP対応はどこでやるかというと、実はターミナルです。輸送会社のターミナルって、皆さんあまりイメージないと思うんですけれども、荷物を集めて持って来る場所というのは、あまりきちんとした倉庫にないイメージがあると思うんですが、先ほど言ったように、これは2011年の震災のときもそうだったんですけれども、皆さんも知っているかもしれませんが、まずガソリンスタンドというか、給油ができないというのが非常に大きな問題になりました。通勤の人が来れないのです。

また、トラックの給油ができないということがあったので、今回、今年の9月ぐらいに中央運輸さんがターミナルを造ります。このターミナルの中は当然免震、ターミナルで免震ですね。免震と非常用の電源はもちろん、ガソリン、インタンクもつくるということです。インタンクも造って、すぐに有事の際にも発車できるようにすると。こういうターミナルは多分ないんじゃないかと思います。免震のターミナル、ガソリンがインタンクというのはないと思うんですが、100社集めて持って行かないといけないので、これを9月25日に竣工して、来年度から稼働すると。これはBCP対策に完全になると、メーカー様にもアピールしています。

次にGDP対応ということで、GDPというのはPIC/S GDPに加入したと、PIC/Sというところに日本が加入したという、ヨーロッパの機構というか、ヨーロッパでPIC/Sというのが、そういう品質の厳しい基準がありまして、それに日本が加盟したことによって、最近GDPと呼ばれるものを、これは品質ということですね。品質のものをしっかりやってくださいという話になってきているわけです。

その品質をやるためには、GDP対応をするというと、ヨーロッパですと15～25℃というのが当たり前なんです。常温品で言うと1～25℃。これは気候にもよりますね。ヨーロッパはあまり暑くないですし、日本みたいな季節が大きく変わらない気候帯なので、ヨーロッパの基準がPIC/Sと呼ばれる基準だと思っていただければいいです。それに日本が加盟したことによって、いろんなことを言われているということです。偽薬の問題とかいう話もあるんですけれども、その中で建物とか倉庫とか、輸送トラックのGDP対応もしていかないといけないというのがあります。

1つは、このGDPの対応として、まず倉庫のところですが、倉庫をどういうふうに造っているかというと、保冷庫を造りました、保冷庫にすべて温度マッピングをしています。例えば、ここの中に温度帯、上・中・下でぶら下げて、400カ所ぐらい温度計を飾るんですね。商品がない状態で1回測って、あそこの四つ角の上のほうが一番高かったとか、こちらの一番低かったと。これの調整を空調で何回もするんです。みんな均等にして保管するというのを温度マッピング、バリデーションというわけです。こういうことをすべてやっているということです。

今一番厳しいのが、2～5℃で管理しているものが私どもはありまして、2～5℃の保冷庫がありますす。簡単に言うと、3±0・3℃で発泡するようにしてあります。それぐらい厳しい基準で、0・3と言ったら結構発泡するんです。発泡するんですけれども、それぐらい厳しい管理でGDP対応しているということでございます。当然これは、今、医薬品は2～8℃品が多いんです。ただ、ワクチンによっては2～5℃品もあります。だから、これは2～5℃品に合わせていると思っていただければいいです。こういう厳しいメーカーさんもいますよということで、こういうことをしたり、温度センサーをいろいろやったりということで、GDP対応になっているということです。

もう1つは、やっぱり虫が入ったりするのはまずいですから、図3－6に示すように、虫というのが

図3－6　防虫防鼠、鳥害対策事例

ダクト：防虫、防鳥ネット

免震層：防虫ネット

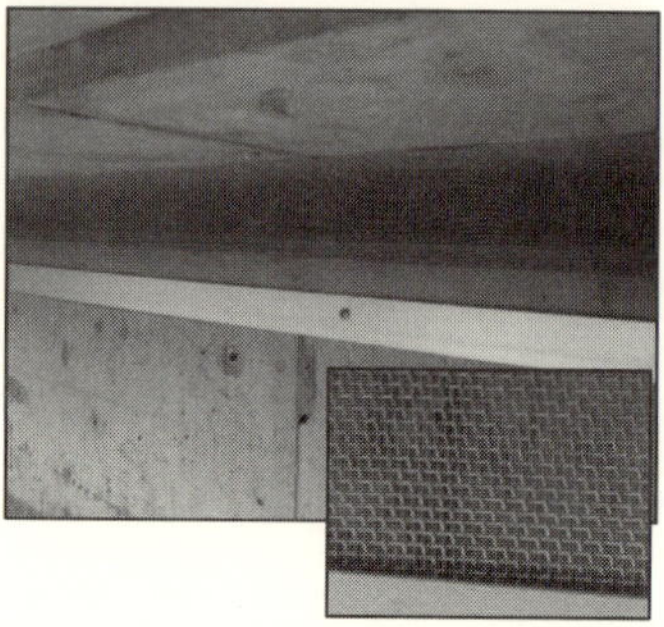

ています。1階にあれば、1階はいっぱい入って来ますね。上のほうにあれば、皆さんもご存知のように、4階以上は来ないのはありますが、蚊とかの話ではなくて、歩行虫だったり、そういったものは、単純なシャッター対策だけじゃなく、様々な対策を取らないといけない。

特に薬ですから、その薬のところに虫があったりすると大きな問題になってしまいますので、そういったものを守らないといけないということで、いろんなところに防虫ネットだったり、また、歩行虫だったら、ごきぶりホイホイみたいなやつを、みたいなやつですけれども、ごきぶりホイホイじゃなくて、ちゃんとしたそういうテストするやつがありまして、それを何百カ所も倉庫に置いているわけです。それを毎月拾ってきて、虫がどれだけいたかという調査をして、メーカーさんに報告したりというようなことをしているわけです。

こういったことで、倉庫の外も、シャッターがないところですと、すぐに車を付けて虫が入って来ちゃうこともあるので、できるだけシャッターがあるふうにして、閉めた上で商品を入れる。またさらに、そこに高速シャッターも入れる。それによって、GDP対応が可能になるということです。

あとはセキュリティです。セキュリティもいろいろありますけれども、物流センターの外の枠内だとか防弾センサーを入れたり、それぞれの人のセキュリティのカードを持ったりというのは当たり前なんですけれども、それよりもほかに最近導入されているのが多いのが、メーカーさんが、例えば向精神薬とか睡眠薬を私たちが梱包してお届けするんですけれども、その入っている箱の中を写すわけです。１個1個。そうすると、卸に届いたときにないなんていうことはないわけで。

すべてこういったものをカメラに撮っていると。1個1個、詰め合わせの商品をカメラに撮って、そういうセキュリティ対策をしているということで入荷にも厳しい規制を付けているということでございます。

もう1つは、私どもエス・ディ・ロジという会社が倉庫運営をやっているということなんですけれども、そのＰＩＣ／Ｓの加入に伴って、ＩＳＯ９００１の２０１５年度版を再度、去年取り直して、品質マネジメントシステム、それは品質の規定書からですね。品質の契約をメーカーさんと結びますので、そういった倉庫内の運営体制をしっかりと対応しないといけないということで、こういったことも去年更新しているということでございます。

ＧＤＰの中では、教育訓練、教育指導というのをＰＤＣＡサイクルで回して、センター主導によったり、品質の舞台による教育というのが非常に重要なので、こういったものをやった記録だとか手順書だとか、すべて残さないといけないという厳しい管理が必要だということで、これもＧＤＰ対応だということでございます。

あとは輸送トラックの品質管理。先ほど言いましたように、輸送トラックの中もいろんなことをやらないといけないということです。薬を運ぶためには、例えば冷気を出しますと。冷気を出したときに、

図3－7　医薬品専用トラックのさまざまな機能

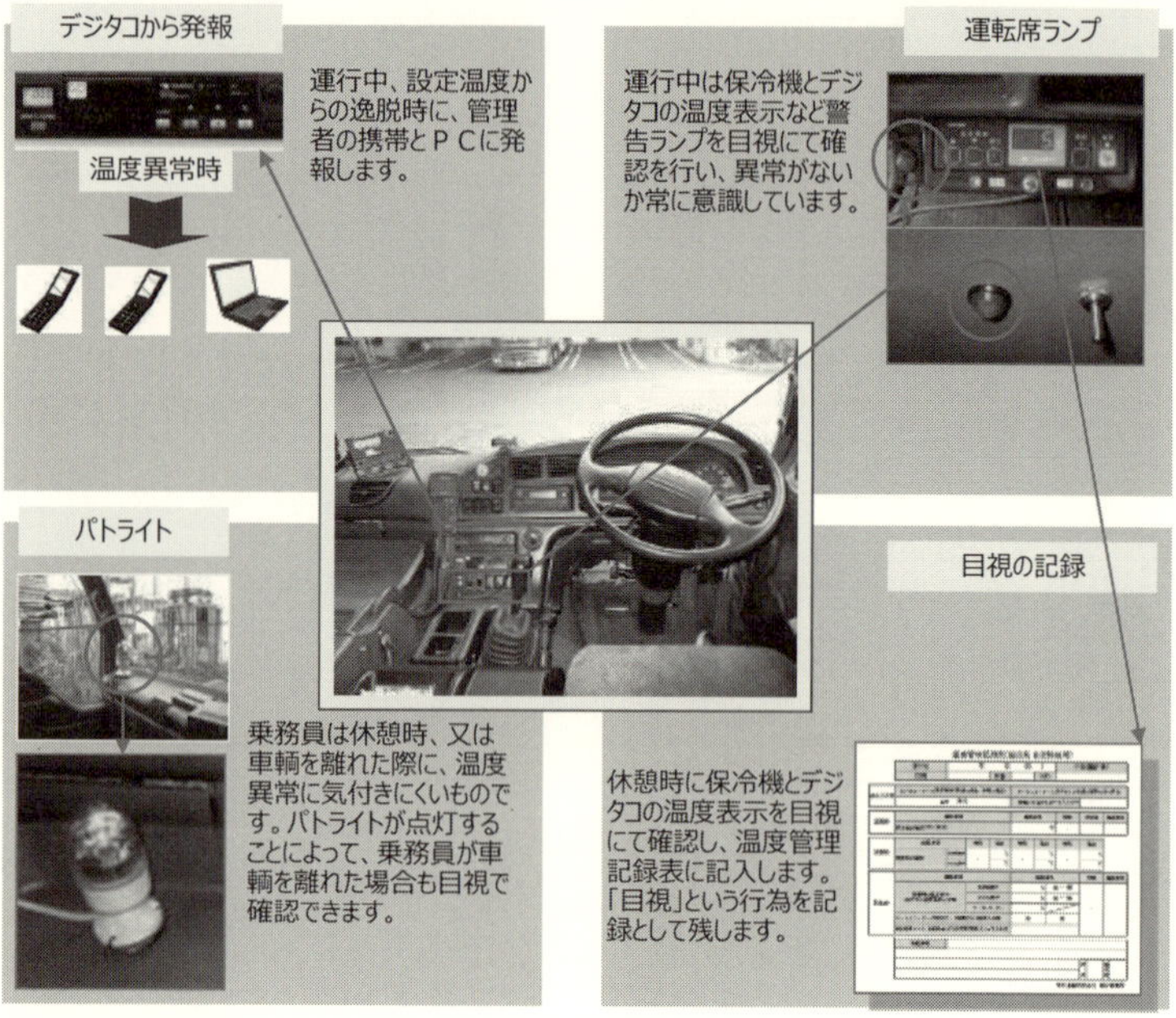

大体上から出るんですね。下からは出ないので、上から出たときに空気を回すためにこういった、すのこみたいな感じになっていると、冷気が下に行ったときに、冷気が下を通って下まで、下からずっとつながって上へ上がっていくということになります。すのこみたいなやつが非常に重要なんです。風を通すということです。こういう冷気を回したり、いろんなバリデーションテストを輸送トラックもするということです。1個1個に対して行うということになります。これもやっているということです。

　もう1つは、図3－7に示すように、医薬品専用のトラックについてはいろんな機能が付いていて、温度はもちろんなんですけれども、パトランプだったり、輸送トラックの中に温度の別のものを入れたり、ここで普通に見ているんですけれども、温度が逸脱したらここが赤くなったり、本当にロボットみたいな車になっているんですけれども、保冷トラックはこんなようなもので、医薬品は運ばれていると思っていただければいいです。

もう1つ、GDP対応って皆さん、分かりづらいと思うんですけれども、車というのは、基本的に後ろの扉を開閉しますが、オートシェルターを採用することで、全ての扉を閉めたまま商品を卸す場所に車を付けることができます。それを横からゴルフのキャンディバッグのような素材で耐候性、耐水性に優れたゴムで全部被せます。被せた状態で後方扉を開ける仕組みです。そうすると1回も外気に触れずに、すべて保冷庫にそのまま入れるシステムということです。オートシェルターを採用することでGDP対応になると。温度の逸脱はおきないという事です。

シートシャッター保冷ではなく、常温の保管エリア側の温度をできるだけ逸脱しないように取り付けているもので、高速で閉まるシートシャッターの事です。すぐ閉まるので、外気が入ったとしてもすっと閉めるため室温対策ですね。保冷対策というふうに思っていただければというふうに思います。

7. 再生医療等製品

ここまでがエス・ディ・コラボの話なのですが、エス・ディ・コラボの中でも、今一番力を入れているのが再生医療の製品になります。

再生医療の中には自家細胞と他家細胞というのがありまして、自分の細胞を培養して自分に投薬するというのが自家細胞ということですね。簡単に言いますと。他家細胞というのは、他人の細胞を採取して患者さんに投薬できるので、不特定多数の患者に投薬できる、簡単に言うとそういうことです。だか

図3－8　自家細胞と他家細胞

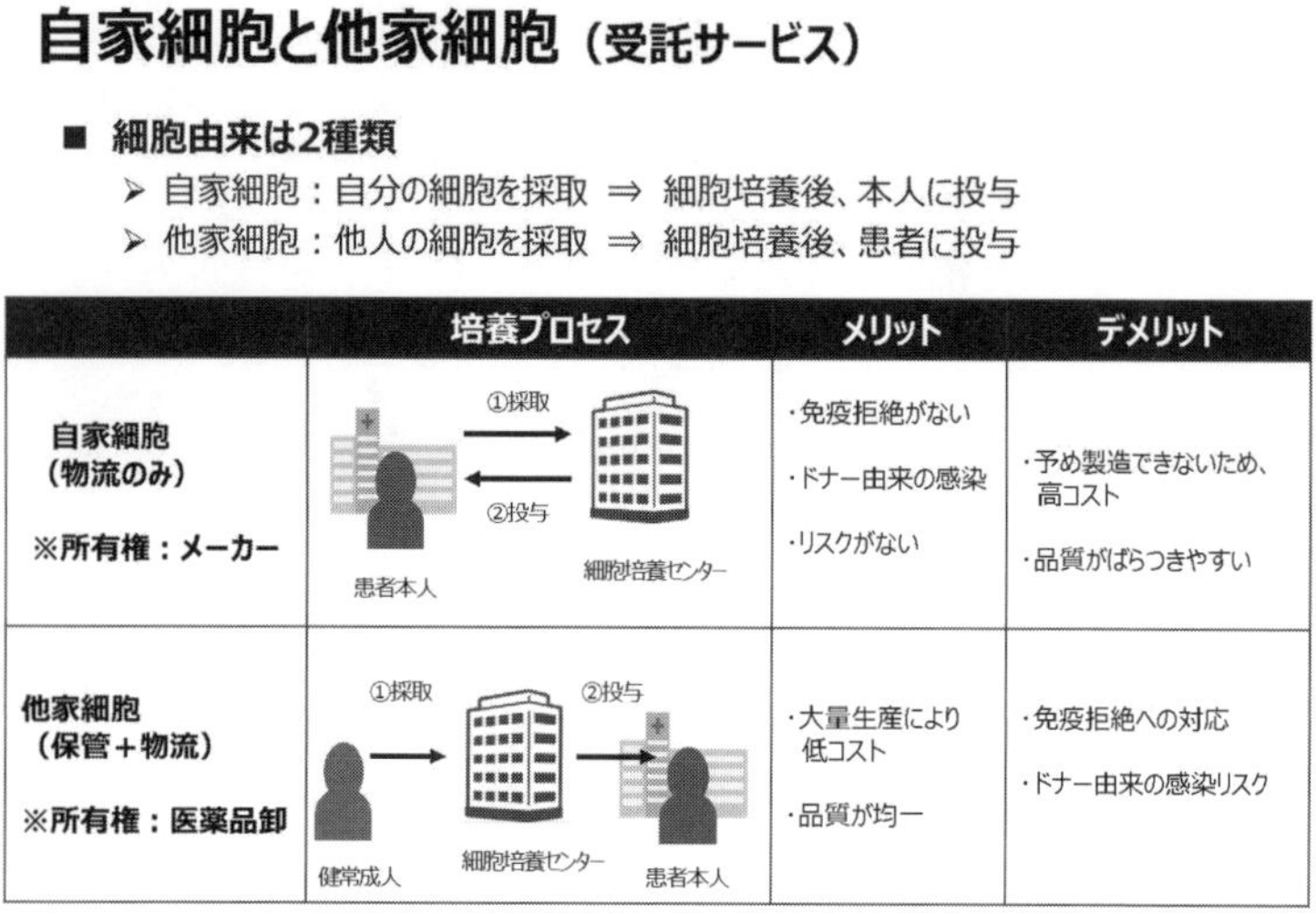

■ **細胞由来は2種類**

	培養プロセス	メリット	デメリット
自家細胞 （物流のみ） ※所有権：メーカー	①採取 ②投与 患者本人　　細胞培養センター	・免疫拒絶がない ・ドナー由来の感染 ・リスクがない	・予め製造できないため、高コスト ・品質がばらつきやすい
他家細胞 （保管＋物流） ※所有権：医薬品卸	①採取　　②投与 健常成人　細胞培養センター　患者本人	・大量生産により低コスト ・品質が均一	・免疫拒絶への対応 ・ドナー由来の感染リスク

ら、自家細胞というのはオーダーメイドと思っていただければいいですね。

図3－8のように再生医療の中には自家細胞と他家細胞というのがありまして、自分の細胞を培養して自分に投薬するというのが自家細胞ということですね。簡単に言いますと。他家細胞というのは、他人の細胞を採取して患者さんに投薬できるので、不特定多数の患者に投薬できる、簡単に言うとそういうことです。だから、自家細胞というのはオーダーメイドと思っていただければいいですね。

長沢　どうもありがとうございました。（拍手）

8．質疑応答

質問者（中原）　中原と申します。今日は貴重なお話をありがとうございました。高額な商品を取り扱って、それぞれ取り扱い方が、大変だと思いました。そのハンドリングや流通について教育等を恐らくなされているかと思うんですけれども、どのような教育プログラムだとか、どういうふうに対応されているのか、ちょっとお話を伺えたらと思います。

副島　流通ですね。それについては、まずメーカーさんと受託する場合。これは、メーカーさんの品質協定書というのをメーカーさんと結びます。メーカーさんの、それぞれのメーカーさんが品質協定、自分のメーカーはこういう品質でやってくださいというものがありまして、その手順を私どもと合わせて、私どもも標準の手順書はあるんです。ただ、その標準の手順書というのは、ＩＳＯ９００１の中にある標準の手順書。それを荷主別に全部作らないといけないと。荷主別に全部手順書を荷主さんと共有する、メーカー別運用基準書というのをつくりまして、それをメーカーさんと一緒に締結させていただくということになります。その締結した内容をすべてメーカーさんと共有して、倉庫内で管理してやるということが1つ。

もう1つは、輸送のほうもありまして、輸送の会社との品質協定書。この倉庫と輸送と2つありまして、このメーカーさんのやり取りによりまして、協定書をどのように結ぶか、または賠償をどれぐらいに設定するかということで、特に賠償の問題は最近は非常に大きな課題になっておりまして、さっきのソバルディとかというのは、1輸送で50億を運ぶようなトラックになっちゃうんですけれども、どの輸送会社もやりたくないというのが正直なところなんですけど、そこで保険をかけたり、保険をかける料金を頂いたり。または、頂けないんだったら、メーカーさんのほうで自分たちで担保してくださいと、自分たちからぶつかることはないんですということを説明して、そういったこともしています。

ただ、コラボの中では1億円という保険に入っています。コラボの中で1億は担保できます。1事故が起きたときに、高額なので1億円まではコラボとして払える賠償があります。ただし、それをもし1

回使っちゃったら、次、事故が起きたときに、その1年の間ではもう使えないという保険が多いんです。それと医薬品の事故の場合は、1億円使っちゃったら、翌年から5年間で1億を保険料で払わないといけないという、こういう制度に簡単に言うとなっていますので。なので、保険には入っていますが、あまり保険を使いたくないというのが本音でございます。

したがって、賠償が500万とかで済むやつは500万払っていたり、私どもが払いますけれども、あとは輸送会社と交渉するという話ですね、私どもは。まずはメーカー様と交渉させていただくということですが、一番大きいのが6000万円というのがありました。これは私たちはメーカーさんに払いました。でも、輸送会社は払ってくれないと言ったので裁判になりました。で、裁判は勝ちまして、全部戻ってきました。というのがあります。

医薬品の場合は特に厳しい賠償の話が多いので、そこら辺はよく話さないといけないので。宅配便は30万という法定の賠償額が決まっているので、ヤマトさんたちは30万しか賠償しない。どんな製品でも、保険をかけなければ賠償しないということになっているはずです。運送約款がそういうういうたいになっているということです。

質問者（中原） ありがとうございました。

長沢 例えば、現金輸送車は必ず2人で運ぶようです。だとしたら、高い薬は3人で運ぶとか。

副島 いやいや、それはトラックを運転して着くだけなので、そこでは別に必要はありません。トラックは完全に施錠しておりますし、温度帯も取ったりしておりますので、基本的には2人で運ぶことはありません。ツーマンで運ぶことはまずないです。

長沢 そうすると、輸送の形態はほかの商品と同じで、ただ保険金が高いと考えればよろしいですか。

副島　医薬品の行くルートというのは、１００社のメーカーさんの商品を集荷して、それぞれのトラックに行先ごとに積み替えるわけですね。いろんなメーカーさんのものを。それは全部、医薬品なわけですね。それをもっていく場所というのは決まったところ、毎日、大体ここからここに行くというのが決まっていますので、そのルートは医薬品卸も分かっている。先生がおっしゃった質問にはそのとおりだなと思いますけれども。

長沢　そうですか。わかりました。

質問者（後藤）　私は製薬メーカーに勤めておりまして、大変興味深く、ありがとうございました。

医薬品業界の物流、一般的な観点からの質問なんですけれども、規制が厳しいというところがあって、もちろん温度ですとか、セキュリティというところは変わらないだろうなと思います。その反面、例えば医療データベースの活用ですとか、あと、医療機関とのコミュニケーションのデジタル化というところが進んでいる中で、医薬品メーカー、卸、それから病院といったところの、物流インフラだったりとかそれぞれの役割というのが、これから10年ぐらいを見越したときに、どのように変わっていくのか、もしくは変わらないのか。その辺のご意見をお聞かせいただけたらと思いまして、ご質問させていただきました。

副島　まず、物流というのはどちらにしてもなくならないので、ここの先に起きる地域包括ケアの課題ですね。地域包括ケアという、地域地域でそういった相談に乗れるものができるというふうに今なっていまして、制度上。それと、オンライン診療というのがこの4月から受けられるようになりました。半年間以上かかっている方は、スマホとかで診察が受けられる仕組みがこの４月から出てきております。こういったことを踏まえて、やはりメーカーも卸も、メーカーさんのＭＲのインフラなのか、ＭＳのインフラなのか分かりませんが、ここら辺を地域包括ケアとつないで、どのようにそれを展開していくかということが一番の課題かなと。

もう1つは、運ぶという仕組みの中で、今は卸を使って配送しておりますけれども、アメリカなどにおいてはGPOという機能ですね。自分たちが交渉窓口で卸を抜くというやり方ですね。この仕組みが、少しの企業様からお話を頂いたりしているので、私はスズケングループの人間なので、あまりスズケンを抜きたくないんですけれども、ジェネリックがこれだけ下がってしまった環境の中で、ジェネリックメーカーがこの先、生き残っていくためには、直販モデルもやらないといけないと思っています。

したがって、私たちはそういうモデルもできるようにしておかないといけないかなと。一方でですね。ただ、これはさっき言った債権リスクだとか、そういったものをどこまでお互いが担保できるかというのは非常に大きな問題と、メーカーと買う側、どれだけ商品を年間買ってもらえるかと約束できるか。この約束ができないと、なかなかジェネリックメーカーも厳しいかなと思いますが、この2つの観点で今後大きな展開があるんじゃないかと、こんなふうに思っております。

質問者（後藤）　ありがとうございました。

質問者（田中）　私も製薬会社の社員で、MRをしておりますので、スズケン様には大変お世話になっております。

副島　そうですか。いえいえ、とんでもないです。

質問者（田中）　スズケングループ様の事業領域というと、本当に製薬メーカーも兼ねていますし、卸さんも兼ねていますし、薬局という、そういった経営などもされていると思います。そこで、今後、製薬会社とかとの棲み分けというか、どういう方向性で大きいスズケングループ様が進んでいくのかという、何かビジョンみたいなものがもしありましたら、教えていただければと思います。

副島　多分、私があまりしゃべっていいのか、スズケンのことをしゃべっていいのかというのがありますけれども。スズケングループとしては、さっき言ったように4大卸があって、そこの中で卸事業としてトップになる企業ではないのかな、違うのかなと思っています。こういう私どものような企業、いろんなソリューションを使った、今後、ＥＰＳ様との事業もやりますし、新たな提携の会社をつくるというのも10月1日に立ち上がりますから、そういった機能をいろいろつくって、企業のいろんな多角化をした上で総合力ナンバーワン企業になるというのが、スズケングループは多分目指しているんじゃないかなと思います。それが業界にとって、どこまでの範疇でいけるかというのは、ちょっと別の話なんですけれども。

あと、大型卸のさらなる4大卸の合併ですね。これがあるかどうかですね。どことどこが合併するかとか、あとメーカーさんの合併、これがシャイアーさんの話もありますけれども、そこら辺も踏まえてどういうふうに変わっていくかというのは大きな流れが変わるかもと思います。

長沢　時間いっぱいまでお答えいただきまして、ありがとうございました。

今日の4時限目は株式会社エス・ディ・コラボの副島秀継社長に貴重なお話を賜りました。最後に、感謝を込めて拍手をお願いします。どうもありがとうございました。（拍手）

第4章

キユーソー便の食品物流

ゲスト講師：株式会社キユーソー流通システム　執行役員　開発本部長　犬塚英作氏
開催形態：プロロジス寄附講座　ロジスティクス・ＳＣＭ〈第14回〉
日　　時：２０１８年７月21日
会　　場：早稲田大学早稲田キャンパス11号館９１１教室
対　　象：ＷＢＳ受講生

■会社概要■

株式会社キユーソー流通システム

本社所在地
〒182-0021
東京都調布市調布ケ丘三丁目50番地1
TEL（042）441-0711
代表者　代表取締役社長　西尾　秀明
年間売上（単体）894億12百万円（2018年11月期）
（連結）1,691億55百万円（同）
経常利益（単体）23億09百万円（同）
（連結）48億22百万円（同）
従業員数（単体）662名（2018年11月30日現在）
（連結）5,844名（同）
資本金　40億6,311万円
創立年月　1966年（昭和41年）2月1日
国内拠点　65
国内関連会社　13
海外現地法人　1

犬《いぬ》塚《つか》英《えい》作《さく》　略歴

1986年3月　日本大学理工学部交通土木工学科卒業
1986年4月　当社入社
2006年11月　当社倉庫部長
2012年12月　当社開発本部ロジスティクス部長
2013年12月　当社執行役員（現職）

長沢　「プロロジス寄附講座　ロジスティクス・SCM」第14回目のゲスト講師として、株式会社キユーソー流通システム　執行役員　開発本部長　犬塚英作様をお迎えしています。「キユーソー便の食品物流」と題してご講演いただきます。それでは犬塚様、よろしくお願いします。（拍手）

1．キユーソー流通システムの紹介

犬塚　食品物流において特に重要視される温度管理、さらに商品の日付管理を中心に、少し現場目線のお話になるかとは思いますが、より深くご理解賜れれば幸いでございます。早速、説明をさせていただきます。

まず、会社の紹介になります。キユーソー流通システムがなぜ食品物流かということを踏まえまして、少し説明させていただきます。創立が1966（昭和41）年の2月1日になります。本社は調布市にあります。なぜ調布市かというと、キユーピー株式会社の仙川工場が調布市にありました。その関係で、私ども、京王線沿線に縁があります。今は調布駅からちょっと離れて、歩いて15分ぐらいかかって、夏は暑い中をみんな通勤しています。そういったところに本社がございます。

キユーピーの倉庫部門から分離・独立した会社でございまして、キユーピー倉庫株式会社として創立しました。親会社のマヨネーズやドレッシングといった常温品や、液卵や冷凍卵といったチルド品、冷凍品、あと卵の加工食品ですね。これはチルドや冷凍、さまざまな温度帯がありますが、こういった商品を取り扱っておりました。

1976年に、自動車の運送取次事業を登録したとともに、「キユーピー倉庫運輸株式会社」に商号変更をおこなっております。そして、1989年に「キユーピー流通システム」という社名に変え、ずっとキユーピーの名前を社名の冠にしてきておりましたが、キユーピー以外のお客様のウェートが高まってきたことから、2000年には、「キユーソー流通システム」に商号を変更させていただきました。「キユーソー」の「キユー」は、もちろんキユーピーの「キユー」ではありますが、「ソー」という部分については、倉庫の「倉」であり、運送の「送」であり、それと早いという「早」の意味を込めて、キユーソーという社名にしております。

また、株式のほうは、1995年に東証二部に株式上場、2004年、東証一部に昇格しております。

図4-1は当社の沿革を示した図です。当社は創意工夫を重ねながら、食品をお届けするためのアイデア、こういったものを開発し続けてきた会社です。当社が成長軌道に乗る大きな基点となったのが、1982年、ちょうど真ん中に赤く書いてあるところですね。ここで冷凍食品と冷蔵食品の全国共同配送事業を開始して一気に仕事が増え、会社の規模も大きくなってきたということになります。

食品物流のリーディングカンパニーとして、ハード面、ソフト面含め、技術力を武器にさらなる創意工夫を目指しているところです。

あと、社名に「システム」が付いています。これは1973年にコンピュータ導入による事務の電算化を開始しました。当時、コンピュータを導入していたという企業はあまりなかったと言われています。当時、大学の研究室や大手の企業、こういったところ、ごく一部でコンピュータを導入していました。物流会社が持っているということはめずらしく、システムを自社開発してきた歴史があります。現在もそうですが、自社でシステム開発をおこなっているというところでは、開発のスピードが当社の強みになっていると認識しております。

2015年になりますが、宮城県仙台市に仙台泉営業所を開設しております。これは当時、仙台市に

図４－１　キユーソー流通システム沿革

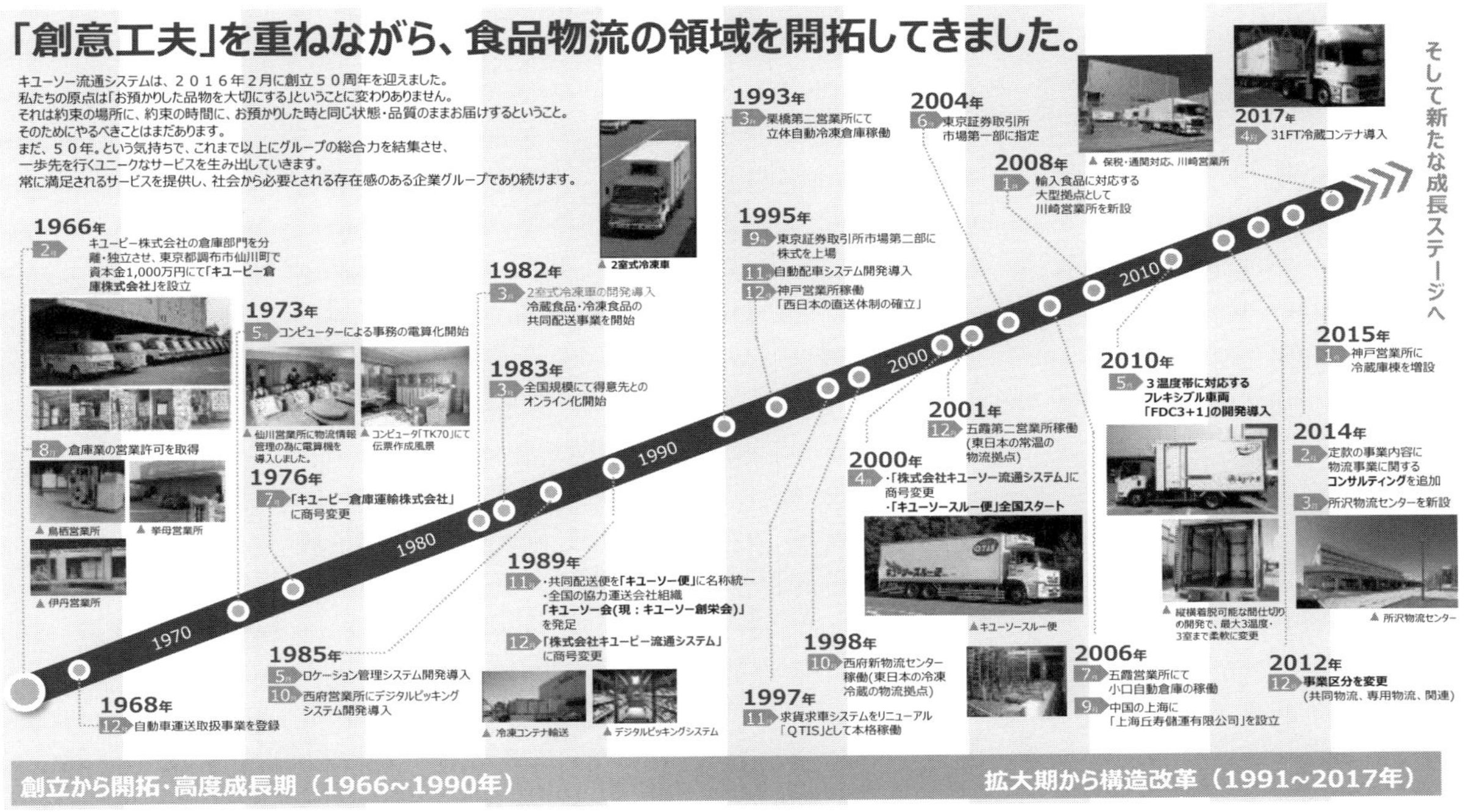

2カ所あった営業所を1カ所にするということで、営業所を開設しました。この物件がプロロジス様にお借りしている物件になります。当時、プロロジス様もマルチ型の物件はたくさん出ていたと思いますが、ここについては4温度帯の拠点として、当社のニーズに合わせて、細かなところまで対応していただきました。

当社単体の企業データとしては、2017年の売り上げが約860億円です。冷凍・冷蔵に関する売上が半分を占めているということで、低温物流に強い会社という認識をされていると思います。あと保管能力ですね。ここでいくと倉庫が30万平方メートル、あと冷蔵庫ですね。冷蔵庫は容積でいくと65万立方メートル。これは共同配送で使用している車両になりますが、大体3500台/日が稼働しています。

次に、グループの物流ユニットを紹介させていただきます。現在、6つの機能を持って物流をおこなっています。まず保管機能として、普通倉庫、定温倉庫、冷凍・冷蔵庫をはじめ、危険物倉庫ですね。こういった倉庫を保有しています。荷役機能としては、最近、さまざまな仕組みを使っています。デジタルアソートシステム、デジタルピッキングシステムをはじめ、ソーターを使ったり、ハンディターミナル使って帳票を無くしていこうと帳票レスの仕組みをつくっているということです。

配送機能は、会社の沿革のところで説明させていただきましたが、1982年から冷凍冷蔵の全国共同配送事業を開始しております。ただ、常温については、それ以前から親会社のマヨネーズ・ドレッシングと合わせ、他社の商品を一緒に運んでいました。

輸送機能になります。船舶、バルク車、あとはローリー車ですね。こういったものをグループで所有し、原料の輸配送にも取り組んでいます。

図４－２　全国ネットワーク

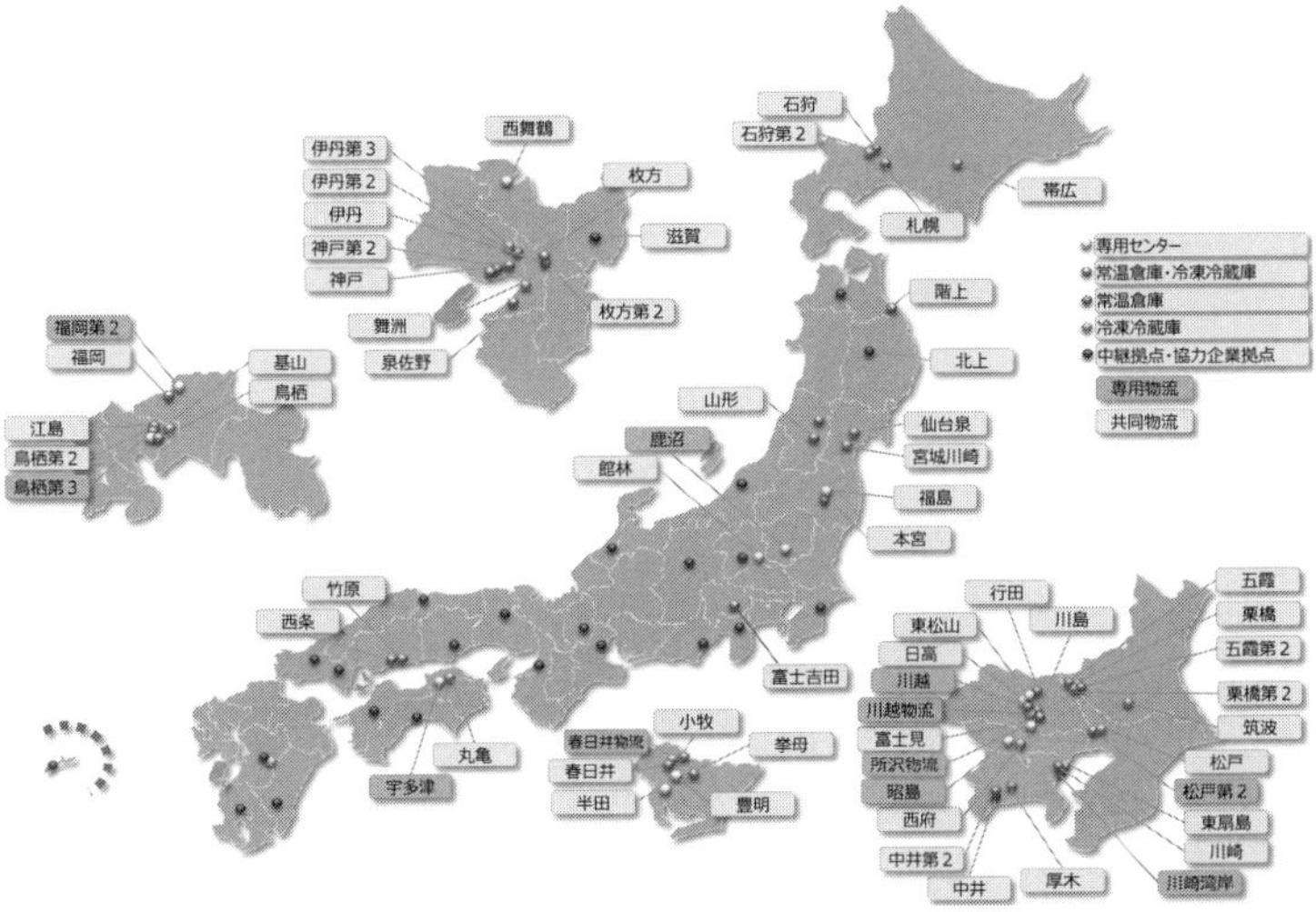

情報機能については、倉庫を管理するＷＭＳですね。運送を管理するＴＭＳ、あとはオンライン受注、Ｗｅｂ受注システムや、当社のサービスであるＷｅｂ情報サービスといって、在庫分析やそういった情報提供サービスもおこなっています。

そのほか、倉庫のメンテナンス、フォークリフト整備、車両や燃料の販売、こんなこともおこなっています。この６つの機能を組み合わせることで、食品物流のあらゆる段階において、最適な物流サービスを提供させていただいております。

図４－２は、当社単体で稼働している拠点になります。約60拠点あり、拠点名の赤色のところ、ここは専用物流をおこなっている拠点になります。水色の枠で囲ったところについては、共同物流の拠点です。

2. 内食、中食、外食、すべての食事にかかわっている会社

こちらは、キユーソーグループ連結での企業概要になります。現在、3つの事業を展開させていただいています。共同物流事業は主に食品メーカーの共同配送を行う事業です。複数の食品メーカーさんの商品を集めてきて、いかに効率よく1つのお届け先に納品をしていくかと、そういったことで納品のコストを下げていく、また一緒に保管をすることによって、コストを下げていく、そういったことをおこなっています。全国の物流拠点を使いながら、商品をお届けする、そういった配送網、充実した情報サービス、こんなものを組み合わせて調達、生産、販売まで最適な物流ソリューションを提供しています。

次に専用物流事業になります。こちらは量販店や外食チェーン、あとコンビニエンスストアなどのお客様を得意先として物流センターを運営したり、店舗への配送業務をおこなっている事業になります。もう1つが関連事業です。関連事業については車両や燃料の販売、施設管理や保守、グループ労務経理事務を行う事業内容になります。

現在、当社含めて15社のグループで構成されていまして、それぞれの事業でグループ各社の強みを活かしております。一番新しい部分では、成長に向けた新たな展開として、2016年9月に（株）フレッシュデリカネットワークを設立しております。これは、中食や外食のチルド食材の需要増加に伴って、チルド日配物流のサービスを提供する会社として設立しております。今、キユーピーグループのサラダ惣菜事業の物流をしっかり構築していくということで進めております。原料調達や供給、工場、販売先まで一気通貫のチルド網の構築、こういったものを目指しています。

グループ総合力でお客様にワンストップソリューションで、サービスを提供しております。1966年の創立当初から、サードパーティロジスティクス（3PL）というお客様の物流ニーズに、本当にワ

ンストップでお応えできる、そういうことに取り組んでおり、今、全国に広がる物流拠点や、輸配送のネットワーク、こういったもので4温度帯の品質管理、情報システムと一緒になったアセット型の3PLを独自のスタイルで展開しているということになります。

よく聞かれる言葉になってきたと思いますが、内食と中食と外食という部分では、食品を買ってきて、家庭で調理して食べるという内食。私なんかもよく食べるようになっていますが、スーパーやコンビニエンスストアですでに出来上がった惣菜や、カット野菜とか、こういったものを買ってきて食事をする中食。そして、レストランやファストフードといった、外で食事をする外食。当社は、この内食、中食、外食、すべての食事にかかわっている物流会社ということが大きな特徴だと考えております（図4－3）。

図4－3　グループ総合力での展開

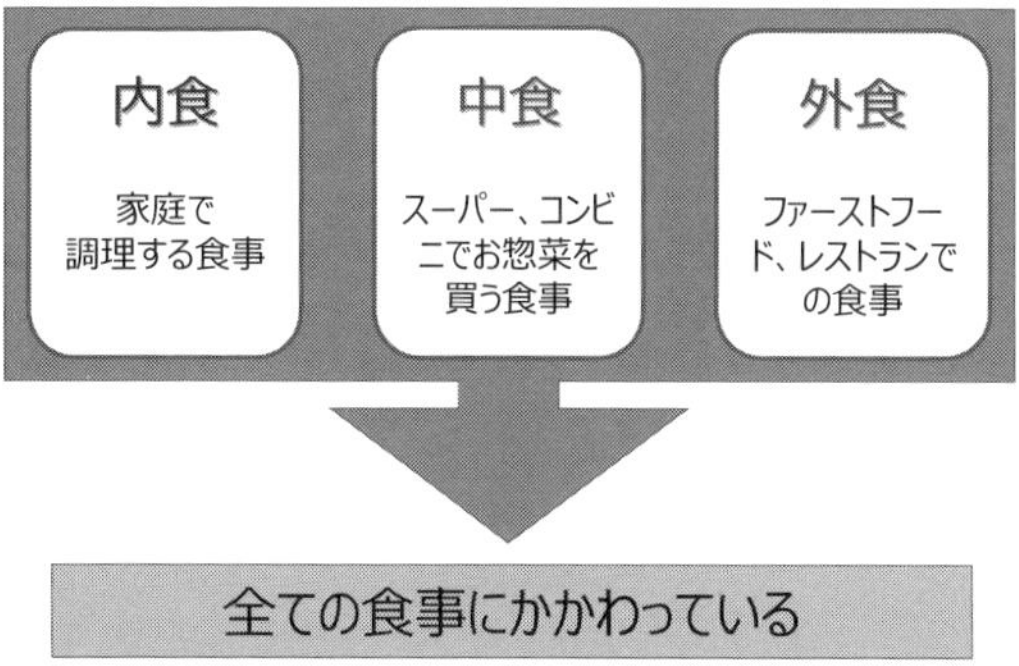

グループの売上高が約1600億円ほどあります。このうち、親会社のグループの割合というのが大体17％ほどになっております。そういった意味では、単に物流子会社というところからは少し抜け出してきている、そのような会社になっていると思います。

3. 食品物流の温度管理

ここから食品物流の温度管理について説明をさせていただきます。

皆さんが、食品物流の温度管理って、どのようなイメージをされるかということなんですが、例えばスーパーに行かれたときに、いくつ温度帯があるか、こんなことはあまり考えることはないでしょうけど、ちょっとそんなことを考えてみたいと思います。1つは、常温と言われる普通の温度帯ですね。温度が何もコントロールされていないような温度帯があります。次に、ぱっと目が向く温度帯は、肉、魚、牛乳、豆腐、乳製品、飲み物、こういったものを売っている冷蔵と言われる温度帯です。

そして、やっぱり目立つのが冷凍食品。スーパーの中でお客様を呼び込むかなり重要な食品になっています。もう1つ、最近よく見るのは、惣菜コーナーがあると思います。惣菜は、サラダなど、ある程度、冷やして食べるという部分もありますが、実は温めてないとおいしくないと。おいしくないという言い方はおかしいですが、加温して食べるという温度帯があります。こういったものが今、スーパーの中で温度帯として分けられているだろうと考えています。

私が会社に入ったころは、圧倒的に常温の世界でした。今、スーパーに入店されたら感じると思いますが、外から入ると涼しい温度になっているはずです。恐らく25℃よりちょっと高いぐらいの温度帯で空調されています。

後ほど説明しますが、当社の中で定温という、ちょっと空調を入れる、除湿する、こういったことで商品を長くもたせたり、高温のところに置かないでくださいと、このような温度帯。あとは加温された温度帯、冷蔵の温度帯、冷凍の温度帯、こんな温度帯に分かれているだろうと思います。これからは、もっとチルド帯が増えてくる。あと加温する食品が増えてくるのではないかと考えています。

図4－4は、管理温度帯ということで、倉庫業法の温度帯を書かせていただいています。倉庫業法で決められている温度帯は、この10℃以下という温度帯は、ここに書かれているとおり、マイナス50℃以

図4－4　管理温度帯

食品の物流において特に大切なのが温度管理。「常温」「定温」「冷蔵」「冷凍」という
４つの温度帯で、その食品の特性に応じた、最も適した温度を維持する品質管理を徹底しています。

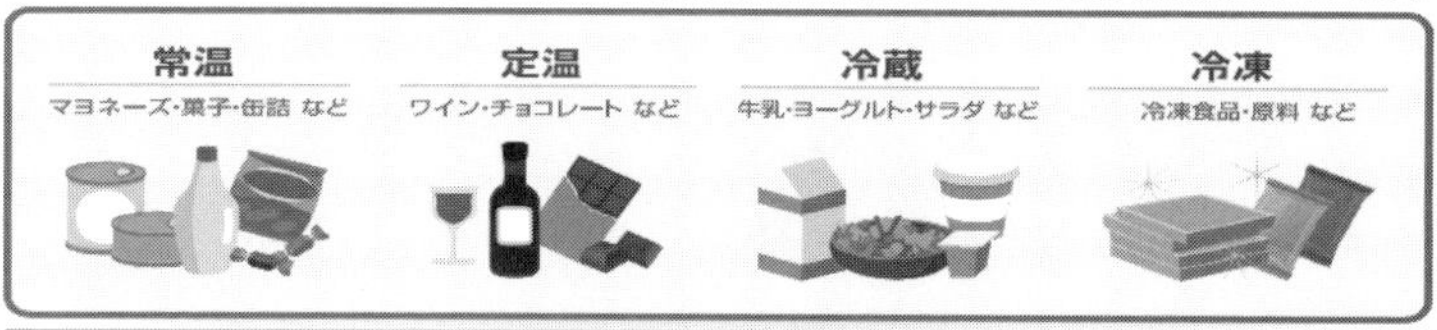

温度（℃）	倉庫業法	一般的温度	対象商品
40		常温	
30		常温	マヨネーズ・ドレッシング
20		定温・加温	チョコレート
			お弁当
10以下	C3級	冷蔵	冷蔵食品
		チルド・氷温	乳製品、液卵、鮮魚、精肉
-2以下	C2級		
-10以下	C1級	冷凍	調理用冷凍食品
-20以下	F1級		アイス
-30以下	F2級		
-40以下	F3級		冷凍マグロ
-50以下	F4級		

下まで7つの温度帯に区切られて管理されています。先ほど言いましたが、ここの20℃から上の温度帯というのは、特に何もない、俗に言う成行きの温度で常温の温度帯ということで、特に指定された温度帯、呼び名とか区分はないんですね。

　今はこういった部分でいくと、定温という温度帯ですね。チョコレートやクリームなどを保管する温度帯。あと一番下に来ると、超低温と呼ばれている冷凍マグロなどを保管する温度帯ですね。マイナス40℃以下という温度帯が出ているということになります。

　図4－5は配送車両になります。当社は、原料として卵を扱ったり、製品として卵製品を取り扱ってきました。商品により最適な温度帯がいろいろあって、品質維持に細かい温度管理というのが必要になってきます。倉庫の担当者、輸送・配送を担当するドライバーとともに、冷凍、冷蔵品を取り扱うノウハウ

図4－5　配送車両：卵を扱うノウハウが2室式冷凍車の開発に

キユーピー工場では卵の保管を担いました。卵の品位を落とさずに冷凍保管するには、細かい温度管理が求められます。その扱いを通し、倉庫の担当者にも、輸送するドライバーにも、冷蔵・冷凍食品を扱うノウハウが蓄積されていきました。

それが、1982年に自動車メーカーと共同で開発した２室式冷凍庫による共同配送システムとして結実しました。温度帯が異なる商品を１台の車で運べることで、トラック台数の削減ができ、またお客様にとっても納入作業がまとめられる大きなメリットがあります。この車両の開発導入により、お客様の開拓が進み、冷凍・冷蔵共同配送はキユーソーグループの大きな強みとなりました。

共同配送便「キユーソー便」

２室式車両イメージ

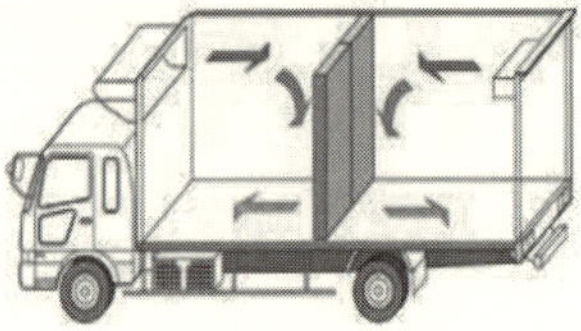

http://www.toprec.co.jp/common/pdf/catalog.pdf

が蓄積されています。

　そのような中で1982年、自動車メーカーと共同で開発した車両が2室式の冷凍車です。当時、2室式って図4－5に示すように、前と後ろから冷気が出てくるタイプではなく、前から出てきた冷気を間仕切りにすき間を空けて、後ろの荷室を冷やすみたいな感じだったんです。その後、荷室の間仕切りにファンを付けて温度センサーに連動させ、そのファンを回したり止めたりと、進化してきて、現在は前後独立した、空調温度を室内に出すことが可能になっています。

　2温度帯を1台の車両で運べることでトラックの台数が減ったり、納品先においても作業の効率化が進んできたものと考えています。

　図4－6は2010年に当社が開発した車両になります。冷凍・チルド・常温・加温という温度を、最大3温度、商品を同時に運ぶことができるという車両になっています。物量に応じて荷室の間仕切りを自由に動かすことができるということで、車両を

図4－6　配送車両：フレキシブル車両「FCD3+1」

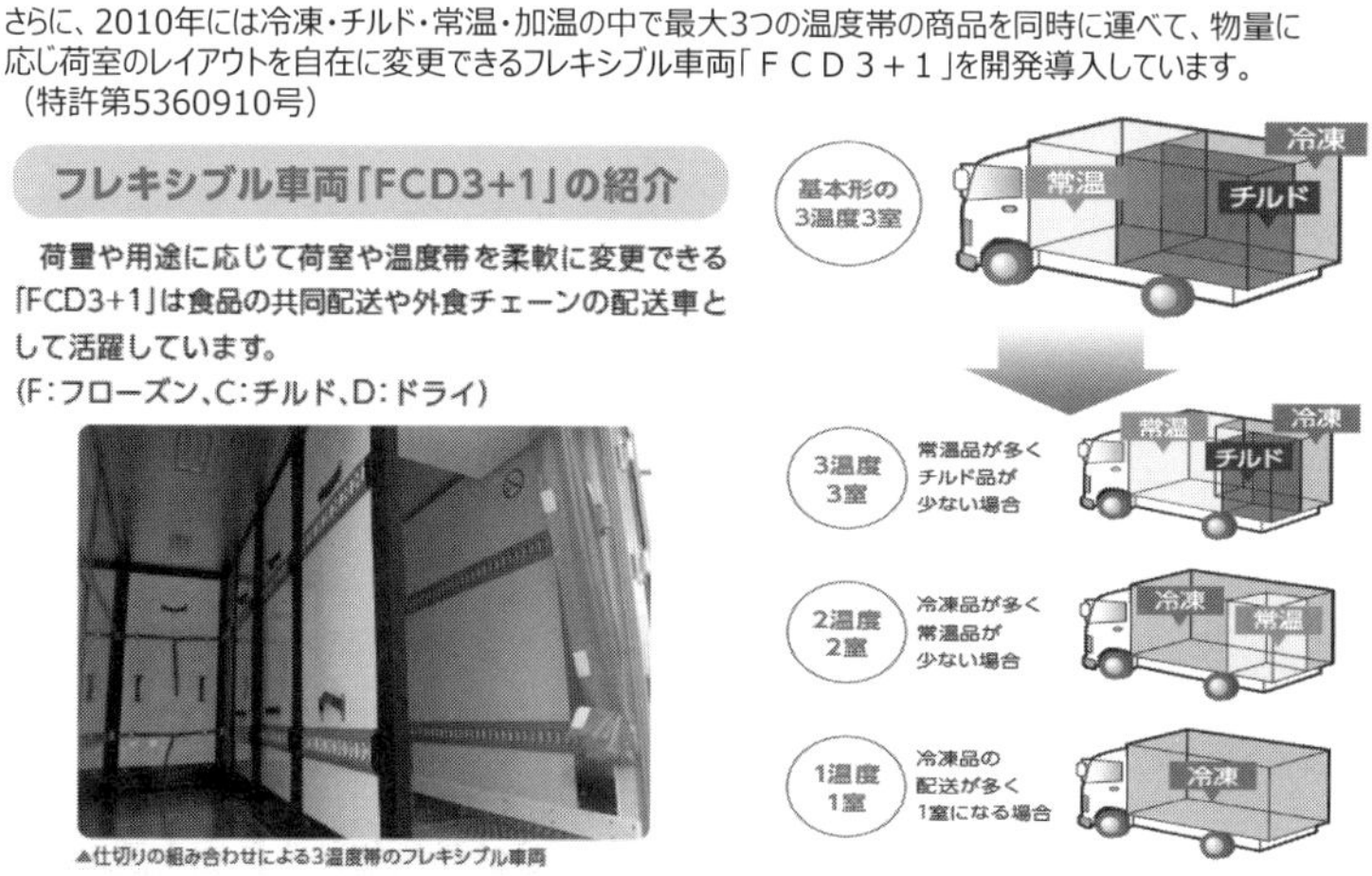

▲仕切りの組み合わせによる3温度帯のフレキシブル車両

ＦＣＤ３＋１（Ｆ＝フローズン、Ｃ＝チルド、Ｄ＝ドライ、＋１＝加温）という名称をつけております。この車両は、２０１３年の10月に特許登録をおこなって、今は約１１０台が走っていますが、物量の少ない地方の共同配送や、冷凍食品から紙コップなどの包材までを運ぶ外食チェーン向けの配送車として使用しています。

4．食品物流の温度管理①冷蔵庫設備

次に、冷凍冷蔵倉庫の空調で使用するフロンガスの話をさせていただきます。フロンの問題についてはいろいろと話題になっているので、皆さんもよくご存知だと思います。ここもそうですが、自宅の空調も空気を冷やすためには冷媒というのが必要になってきます。以前は特定フロンと言われるＨＣＦＣ、「Ｒ22」というともしかすると聞かれたことがあるかも知れません。古い家やそういったところには残っていますが、今はほとんど

の家庭で使っていないです。昔はこの冷媒がすごく多かったんですね。

世界中でこれを使っていたということで、ここに書いていますが、オゾン層を破壊してしまうということで、この「R22」、HCFCという冷媒は生産することを禁止しよう、使うことを禁止していくという動きになってきました。

今、増えてきたのは、代替フロンと書いていますHFCというフロンになっています。今の家庭用のエアコンは、大体この冷媒を使われていると思います。これはオゾン層を破壊しないのですが、温暖化係数がすごく高い冷媒になっていて、この代替フロンも再度見直さなきゃいけないんじゃないかという状況になってきています。

では、どうするんだという話になりますが、図4－7の右端にあります、自然冷媒、こういったものに戻っていくということになってきます。自然冷媒というからには、地球上にあるというか、昔から使われているのはアンモニアですね。アンモニアを外で、室外機で圧縮させ、冷蔵庫の中で膨張させて温度空調する、そんな仕組みなんですが、昔は、アンモニアというかなり危険性の高い冷媒を使うことがすごく避けられ、特定フロンが使用されていたわけです。再度こういったアンモニアやCO_2、あと酸素、こういったものを使用した空調設備、冷媒が見直されています。

ただ、この冷媒を変えていくということは、機械全体を変えて、設備全体を切り替えていかなきゃいけないということになるものですから、物流業界ではかなり大きなコスト負担が発生してきます。そのような背景もあり、なかなか進まないということになっています。

これはフロンの排出抑制法の全体像です。今こうやってフロンの取り扱いについては、フロンの製造メーカーや冷却設備のメーカー、あと私どもを含めた冷却設備を使用するユーザー、そしてフロンの回

図４－７　冷蔵庫設備：冷媒の見直し

●オゾン層破壊への影響
「特定フロン」は、オゾン層破壊効果と高い温室効果を有し、オゾン層を破壊します。
●地球温暖化への影響
特定フロンの代替として利用される「代替フロン」は、オゾン層破壊効果はないものの、高い温室効果を有するため、地球温暖化に影響を与えます。

●オゾン層保護のためのモントリオール議定書を受け、「オゾン層保護法（1988年）」に基づき、特定フロンの製造・輸入に関する規制を行っています。
●ＨＣＦＣ以外のオゾン層破壊物質については、2005年までに生産及び消費ともに全廃。ＨＣＦＣ（Ｒ２２等）についても2020年に製造中止の予定です。

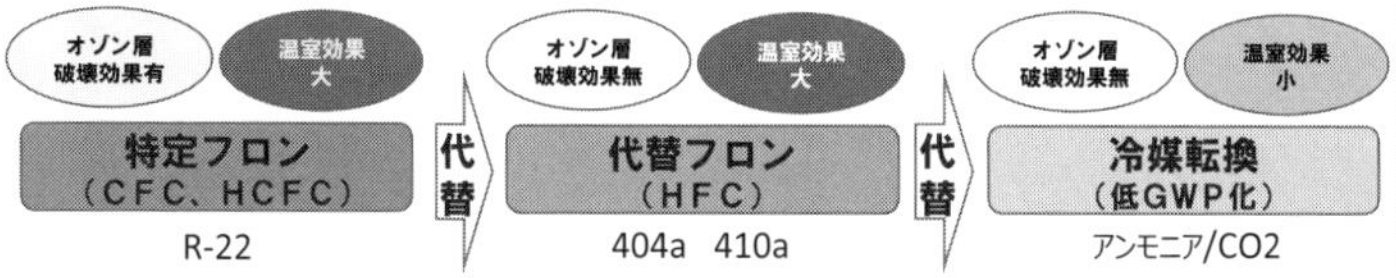

ODP：オゾン層破壊係数（CFC-11を1とした場合のオゾン層に与える破壊効果の強さを表す値）
GWP：地球温暖化係数（CO2を1とした場合の温暖化影響の強さを表す値）

出典：フロン排出抑制法，http://www.env.go.jp/earth/furon/files/gaiyou.pdf.

収や破壊、再生を行う業者の役割がきっちり決められています。必ず処理をした、工事をした、回収をしたというのと、どのぐらいのフロンを抜き出して、どのぐらいの処理をしたかというのを届け出するということが義務付けられています。どこどこは届け出をしなかった、違反したというのが出てくるようになっています。

切り替えを推進する為に、国も動いています。これは２０１８年度になりますが、「脱フロン・低炭素社会の早期実現のための省エネ型自然冷媒機器導入加速化事業」、環境省の予算が64億円、こういった補助金が予算として取られています。

冷凍冷蔵倉庫、食品工場、並びに食品小売業におけるショーケース、先ほどスーパーの話をしましたが、スーパーの冷凍食品が入っているショーケースですね。あとコンビニエンスストアにもショーケースがあると思いますが、切り替えていくための補助金を出しますということで、補助率は、企業の大きさや対象により変わりますが、大体、

図4－8　冷蔵庫設備：結露対策

低温荷捌き室内の結露が発生。商品に大きなダメージを与える。
原因・・・・・湿度の高い外気の侵入
特に港、河川、水田が付近にある環境で発生する。

荷捌き室内の除湿が重要となります。

更新費用の3分の1~2分の1、こんな補助が出ているということになります。

ただ、全体ではなかなか進んでいないのも事実です。これは冷蔵倉庫業界から出ている資料ですが、8割は「R22」という、HCFCという冷媒を使った冷蔵設備をまだ使用しているということになります。下に、当社の実績を記載していますが、2008年と2015年に補助率、それぞれ33%、30%、こういう補助金をいただいて切り替えをおこなっています。当社全体では、まだ進捗率40%ということで、これからも継続して取り組まなければならない課題となっています。

次に、図4－8を見ていただきたいんですが、冷蔵庫の庫内では、このような状態が発生することがあります。これはどういうことかというと、大体5℃前後ぐらいの低温の荷捌き室の中になります。この左側に車が着いてるんですね。このときはちょうど台風のときだったと思います。わずかなすき間から温かい湿った空気がこの中にどっと入ってきます。そうすると、中が冷えているのでこういう結露状態で霜というか、前が見えないこのような状態。床面にも水が付いて、フォークリフトで走ろうにも、滑って走れないような状態になってきます。

これでどうなるかというと、保管している商品は、カートンが湿気を吸って、カートンも潰れていきます。こんな現象が起きるんですね。これは、いつもこのようにはなっていないんですが、これを防いでいかなきゃいけないということが、私たちの役割としてあるということです。右の写真は、ビニールのれんですね。手前は５℃ぐらいの温度帯で、奥はマイナス20℃ぐらい、通常であればこういうビニールのれんを掛けていきます。

しかし、湿気を吸った空気がここの冷たいところに当たると、結露して水が付いていくと。扉を閉めると中が冷凍状態になるものですから、そこが凍り付いてしまって、今度はこのビニールのれんが凍り付いてしまいます。そういった現象が起きると、フォークリフトが通ったり、人が通ったりする際、まったく中が見えない状況で、商品にとっても、私たち作業者にとっても、環境として良くない。

そこで、陽圧空調の導入をおこなっています。外気から入ってくる空気の量よりも少し多めの乾燥させた、除湿した空気をこの中に送り込んであげることによって、外から入ってくる空気を抑える。低温の荷捌《にさば》き室内を除湿して、かなり乾燥した、すっきりさせた状態にするという機器を導入しています。

図４－９の写真では、先ほどの、ビニールのれんが必要ない状況になっています。これは先ほどの建物と別ですが、同じ敷地です。海に面した本当に海岸に近いところで、通常、朝の積み込みのときは一斉に車が着いています。そうすると、どんなに予防していても車の熱や、湿気がどんどん中に入ってきます。そういったものを陽圧空調で防ぐことによって、５℃とマイナス20℃の部屋との間にビニールの

図4－9　冷蔵庫設備：結露対策　陽圧空調の導入

低温荷捌き室（0～5℃）へ除湿した乾燥空気を外気からの流入風量以上に送り込むことにより湿った外気の流入を抑える

れんも要らなくなると、品質面でも作業面でも改善が出来ています。当社の中で、こういったことを進めていっています。ただ、これについてもかなり投資も掛かってくるということで、新設拠点、規模の大きいところから導入を進めています。

5．食品物流の温度管理②　定温保管の需要拡大に対応

次に定温庫の話をさせていただきたいと思います。最近、夏場は定温庫で保管して欲しいという要望が大きくなっています。プラス25℃より上がらない、プラス20℃より上がらない、一番厳しいところは15℃より上がらないとか、商品によって温度の上限を決める、そこまでの空調をして除湿をしていると。こういった定温の設備を用いています。

このグラフ（掲載省略）は1998年か

らの最高気温を気象庁資料から抜粋したものです。8月の最高気温のところを抜き取ってグラフにしています。仙台以外、ほとんどのところが30℃から35℃、この中に最高気温が入っている。恐らく今年（講演時の2018年）は、もっと上にいくところがあると思います。私が10代のころは、部活をやりながらも、今日は30℃になるから気を付けろよと、そんなことを言われていた記憶があります。今は外気温が30℃って当たり前で、30℃、35℃、35℃を超えるぞとか、こんなことを言われるぐらい気温が上昇してきています。これは段ボールメーカーさんの資料を抜粋してきたのですが、外気温が上がるとどんな現象が起きるかというと、段ボールのシートの含水率というのが上がってきて、この結果、カートンがさっきの結露と一緒で、へたってくるとか、潰れてくる、こんな現象が起きてきます。

どうでしょう。皆さん、スーパーでもあまり見ないと思いますが、今は食品をお届けする中で、外箱が潰れていたり、破れていたり、へこんだりしていると、ほとんど間違いなく受け取ってもらえません。今の食品物流の環境というか、条件はかなり厳しいと思ってください。

温度が上がってくることによって、湿度が上がり、段ボールの含水率が上がってくると、この横へ出ていますが、11％や12％の含水率になってくると、カートンの強度というのが75や65など、このぐらいになってきます。通常であれば、この商品は何段まで重ねてOKです、そのようなカートン表示や、お客様と取り決めがありますが、含水率が上がってきて、カートンの強度が落ちてくると、どんどん胴膨れという状態を起こしていく。このような現象が起きてきます。

その結果、湿気を吸ったカートンが潰れて今にも崩れそう！　こんなことになるわけですね。通常であれば重ねて保管ができる商品であっても、メーカーさんもコスト削減などいろいろあって、中仕切りが減ってきたり、ということも見受けられます。そのようなカートンを使われていると、棚に入れても潰れてくる。このような現象が起きてきます。

私たちはこういったものを防ぐために、大体、湿度70％を超えてくると、換気したり、逆に換気を止めたり、商品を積替えする、こんなことまでやっていかなければいけないと。これが今、食品をお預かりしている中で起きていることです。

これは、当社の社内の建物面積がどのように変わってきているかを示したグラフになります（掲載省略）。２０１２年から比べて２０１７年、ちょっと見づらいですが、オレンジ色が定温倉庫になります。大体20℃を上限とするような温度になるのですが、この温度の面積というのが、２０１２年から比べると大体2倍になっています。今後、こういった温度帯はもっと増えてくると考えています。

もう1つは、労働力不足という問題があります。外気温が35℃になったところで荷物をハンドリングしなきゃいけない、そのような労働環境を考えると、なかなか人は集まらないと考えています。何らかの空調設備を入れる、もしくは自動化、ロボット化を進めていかないといけないと考えています。働きやすい職場環境を準備していかなければ、ますます人は集まらないと、そのように考えています。

6．食品物流の日付管理①食品ロス削減

さて、ここからは日付管理の話になります。食品物流の中での日付というと、どうでしょうか。今、賞味期限や製造日が必ず書いてありますね。

皆さんは、買い物をする際、陳列されている奥から日付の新しいものを探して買ってませんか。そのようなことをすると、どういう現象が起きるかということが今言いたいことなんですが、先に新しい日付のものを買ってしまうと、まず間違いなく、前にある古い日付のものは売れなくなります。

図４－10　食品ロスへの取組（農林水産省）

食品ロス削減に向け、「食品の納品期限の緩和」と「賞味期限の表示」が変化してきている。
物流に対してメーカー各社からの管理に関する要請はより厳しくなっている。

○　食品ロスに関する国際的な関心の高まり
2015年の国連サミットで採択された「持続可能な開発のための2030アジェンダ」において、食料の損失・廃棄の削減を目標に設定。

○　食品ロス削減に向けた動き
東京2020オリンピック・パラリンピック協議大会に向け、同大会組織委員会は持続可能性に配慮した運営計画を策定。多量の飲食提供に当たって、食べ残し削減に向けた効果的な取組を推進する方針。

出典：http://www.maff.go.jp/j/shokusan/recycle/syoku_loss/attach/pdf/161227_4-58.pdf，食品ロスの削減に向けて，農林水産省．

売れなくなったら、次にどうなるかというと、その陳列棚にしばらくある間は良いんですが、次に入ってくるときには新しいものが売れてしまっているので、当然、次の新しい日付の商品が納品されてきます。そうすると、前にあったものはまず間違いなく売れ残りになってしまう。これが実は返品や、最終的には廃棄処理、そんなことにつながってくるわけなんですね。

図４－10に出ていますが、農林水産省が今年の４月に食品ロス削減に向けてということを発表しています。その中では、食品ロスに関する国際的な関心の高まりということで、オリンピック・パラリンピックに向け、食品ロスを減らしていこうということを打ち出しています。

図４－11は、食品由来の廃棄物を年度別にグラフにしたものになります。２０１５年の数字が書いてありますが、２８４２万トンですね。こういう数字の食品由来の廃棄物が年間に出ていると。これは大体10トン車に直すと、１日に７８００台

図４－11　食品ロスへの取組（食品由来の廃棄物）

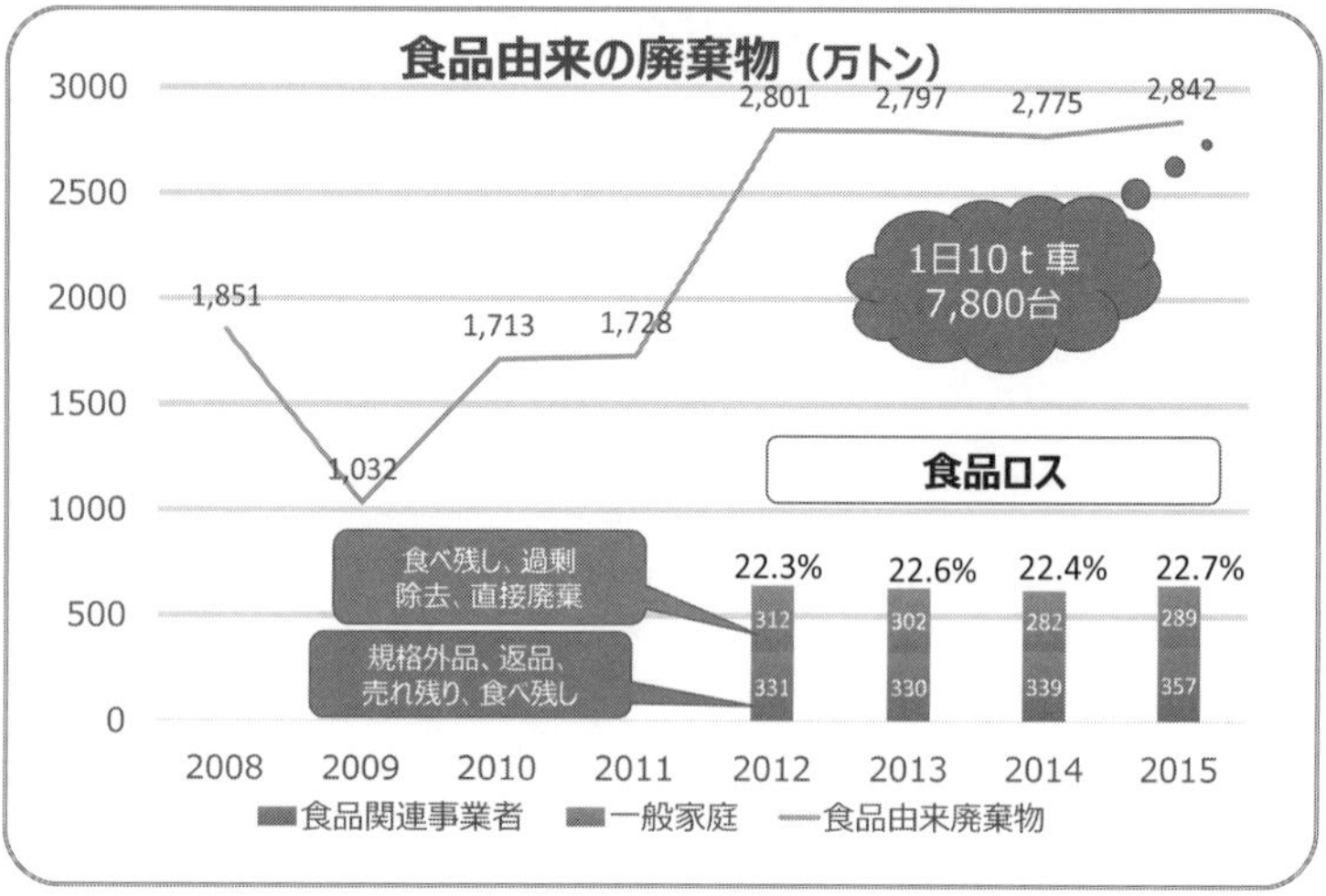

出典：http://www.maff.go.jp/j/shokusan/recycle/syoku_loss/attach/pdf/161227_4-58.pdf，食品ロスの削減に向けて，農林水産省.

と。こんな数字になってくるはずです。下に食品ロスと書かれたところを見てください。上のオレンジ色は一般家庭で出てくる食品ロスの部分です。下のブルーの部分が食品関連事業者ですね。こういったところから出てくる食品、返品や売れ残り、食べ残しの数字になるんですが、大体食品ロス全体で６４０万トンです。これを何とか削減していこうというのが、農林水産省が出している内容になっています。

　食品廃棄物を、当然リサイクルや再生利用している部分があるわけですね。事業系の廃棄物と書いていますが、食品リサイクル法では、つくる量を減らしなさい、あとはリサイクル、再生利用をしなさいとか、熱回収の元にしなさいなど、そういった数字が出ています。この焼却や埋め立てとは、リサイクル出来なかったというもので、３４４万トンあるということになります。下は、一般家庭から出てくるもので、こちらについては、肥料やメタン化など、56万トンが再利用されています。家庭から出てくる食品廃棄については、93％が使いようがないというか、使われていないと、そんな結果がここに出ています。

7．食品物流の日付管理②賞味期限の年月表示

食品業界の取り組みというところになると、食品ロス削減の取り組みとして3点、図4－12に書いてあります。賞味期限が3カ月を超える商品については、年月表示を可能にしていきましょうと。消費者に分かりやすい期限表示とする工夫で、日付順に納入される流通段階でのロスをなくしていきましょうという取り組みです。年月表示にしたとき、納品期限が厳しいままでは取り組みが難しいですとか、こんなことが話題になっているわけです。

賞味期限表示を年月日から、年月に変えるとどんな期待効果があるかということですが、例えば保管スペースが効率化されたり、積載効率の向上や、転送や持ち帰りも減るでしょう。日付の逆転だって減ってくるでしょう。検品、荷卸しの効率化、期日確認業務の軽減などが、期待されています。

今、どうなっているかというと、飲料メーカーさんは早くからこの取り組みが進んでいます。ほとんどが年月表示になっています。詳細は不明ですが、先ほど書かれていた、効果が出ているのではないかということです。

ただ、食品、飲料、こういったものを含めてそうなんですが、何かあったときには、必ずどこでつくった何日のものかということが特定できなければ、私たちもお客様に対して情報提供ができないというのも事実なんですね。このときにつくった商品はどこ方面にいつ出ていますよと、恐らくそういったこ

図4－12　賞味期限表示（年月日から年月）

★食品業界の取組　賞味期限の年月表示化
○賞味期限が3カ月を超える食品については年月表示も可能。
○消費者に分かりやすい期限表示となるよう各社で工夫し、日付順に納入される流通段階でのロス発生を防ぐよう商慣習検討ワーキングチームで推奨。（2012年度～）
○年月表示にしたとき、「日」が「切り捨て」となることから、納品期限が厳しいままでは取組み困難。

★期待効果

○保管スペースの効率化　日別の管理⇒月単位の管理	（メーカー・卸）
○ピッキング（荷揃え）の効率化	（メーカー・卸）
○積載効率向上	（メーカー）
○転送・持ち帰りの減少	（メーカー）
○日付逆転の減少	（卸）
○検品・荷卸しの効率化	（卸）
○期限確認業務の軽減	（卸・小売）
○品出し作業の効率化	（小売）

出典：http://www.maff.go.jp/j/shokusan/recycle/syoku_loss/attach/pdf/161227_4-58.pdf.

とが分かるようになっていると思います。どのような管理をされているかは、各飲料メーカーさんの仕事をしていないので、ちょっと分かりかねますが、きっと食品もこういうことを検討されているかと思います。

納品期限というと、賞味期限、大体6カ月のパターンが図4－13に書かれています。メーカーから小売店に届くまで、この図では2カ月になっています。これが今、日本の中で一番多い商習慣の中で、3分の1ルールと言われています。小売店に届けるまでに賞味期限の3分の1以下じゃないと届けてはいけませんよと。

一方、アメリカでは、2分の1ルールです。賞味期限の半分の期間で小売店に届ける。こんなことを目指しているんだと考えています。フランスは賞味期限の3分の2、だからかなり長い期間使えるということになってくるわけです。

メーカーから物流センターを通って、卸へ行って、量販店センターに行くまでに、6カ月の

図4－13　納品期限の緩和

★納品期限緩和に関する通知

○2017年5月9日付けで、卸売業者の業界団体にあてて、「食品ロス削減に向けた加工食品の納品期限の見直しについて」を発出。
○諸外国に比べ厳しい加工食品の納品期限（いわゆる1/3ルール）が、食品ロスの一因となっていることを踏まえ。
「飲料及び賞味期限180日以上の菓子」について。各団体に納品期限の緩和に向けた取組をお願いするもの。

※　諸外国との納品期限に関する比較（賞味期間6か月の場合）

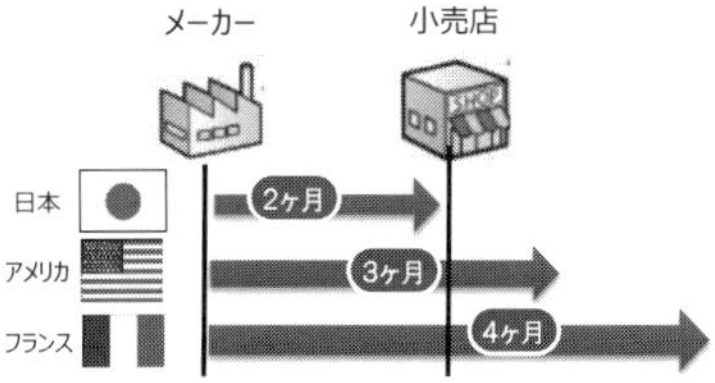

出典：http://www.maff.go.jp/j/shokusan/recycle/syoku_loss/attach/pdf/161227_4-58.pdf.

賞味期限であれば2カ月で行かなきゃいけない。これを過ぎると受け取ってもらえない商品になってしまう。

2分の1にすると、ここまでの間が3カ月あるので、上の部分よりも納品する期限にちょっと猶予が出来てくると。こういうことをやると、1カ月の差ですが、納品できる量が増えてくるんじゃないかと。先ほど食品ロスという話が出てきましたが、こういったことで納品できなくなっている商品というのはかなりあると思います。

図4－14に示させていただいてるのは、2019年の7月21日という日付で、管理していた商品がありますが、今、2019. 07. BAなど、このような表示が出てきていると思います。このBAというところに、何らかの日付などが隠されているんだろうと考えているわけです。これは各メーカーでさまざまな記載になっています。

図4－14　納品期限緩和の課題

商品管理日付が年月単位になった場合、メーカー様の商品管理は年月管理で可能となるか？

従来は賞味期限又は製造日の管理が主流となっていた。
（製造ロットが特定できた）

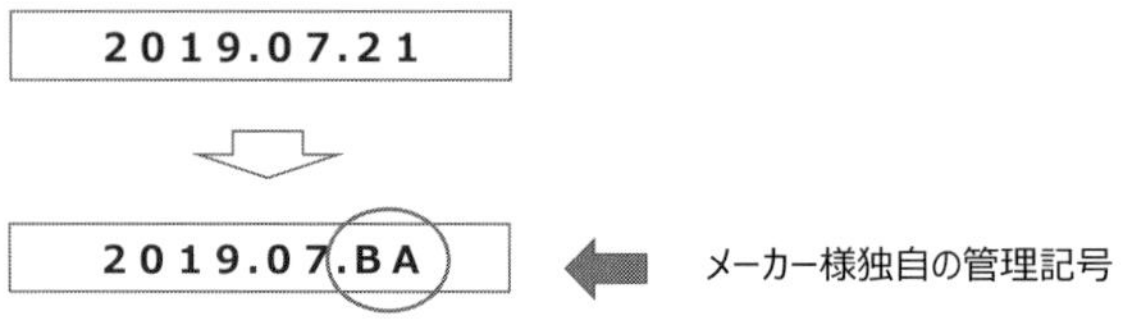

メーカー各社の管理方法に合わせた管理が要求される

年月表示になってくると、当然、賞味期限の短いものに対してはそんなことにならないでしょうが、長いものに対してはこういう年月表示になってくる。でも後ろには、いつつくったもの、どこでつくったもの、ということが特定できないといけない。そうなると、各メーカーさんで、独自のマトリックスじゃないですが、そのようなものを使いながら、管理されていると思います。

図4－15は、当社の標準的な商品管理の機能となっています。管理するキーとしては、賞味期限、製造日、入庫ロット、製造ロットがあります。出荷のための在庫の引き当て、こういったところです。ここについては当然、先入れ、先出し、日付の古いものから先に出していく。これが一番ナチュラルというか、普通のパターンになってきます。そういった次のところは、日付指定。ここの納品先にはこの日付より新しいもの、もしくはこの日付じゃないと駄目など、そういった指定が来ます。完全に1軒1軒、納品先の商品をこの日付で出してくださいって、こんな指定をいただいたりします。

あと、鮮度管理と言われています許容期限、ここから

図4－15　キユーソー流通システムの商品管理機能

システム上では商品日付、ロットの管理は可能となるが実際に商品を取り扱う荷役の現場、配送するドライバーは商品（外箱）に表示された商品日付、製造ロットによる作業となる。

納品先（弊社の拠点を含む）での検品作業においても商品（外箱）に表示された情報による検品作業となる。

この日付の期間だったらＯＫですよみたいなこと。それが納品先ごとにすべて決められている、そのような取り決めなどもあります。

当社のシステムは、イレギュラーが起きた際、警告を発信しています。例えば入庫のときに今の出荷口よりも古い商品が入ってくると、入庫時に日付逆転していますよという警告を出しています。入庫時に賞味期限が何日以上と指定がある中で、その期日を超えたものが入ってくると、賞味期限があと何日以上という条件満たしていませんという警告を出しています。あと、在庫です。在庫は登録された出荷可能期限、当然先ほどの３分の１ルールなどがあるので、期限が近づいていることなど、こういった情報をお客様にデータで提供しています。

ちょっと話はずれますが、メーカーさんは、当然、大量につくるほうがコストが下がるので、生産コストを下げていくという意味では、大量につくられるケースが多い。ただ、先ほどから説明していますが、それぞれ賞味期限や3分の1ルールなど、こういうのに引っ掛かってくると、売れ残りというのが出てきた場合は、一般の商品では扱えない価格、資産価値も含めてそうなんでしょうが、そういったものに分類されていく。結果、どうなっていくかというと、恐らく何かのイベントで安く使ってもらったり、ディスカウントされたり、それでも駄目なときというのはやっぱり廃棄処分、そんなことになるんですね。

私たちの情報発信もそうですが、こういったところをしっかりデータの管理をしながら、在庫管理や、生産管理に取り組まれている企業が増えてきています。

で、ここですね。先ほど言った2018. 07. ABというのと2018. 07. CD、これが同じ管理をしても良いですよと言われると、物流としては効率が上がってきます。ただ、これが、やっぱり分けて管理しなきゃいけないということになると、それに合わせた仕組みを新たにつくる必要が出てくると考えています。そうなってしまうと、私たちとしては、システム的にも現場作業やドライバーにも、すごい負荷が重くなる可能性が出てきます。何とか図4－15の将来図の管理で済ませて欲しいと考えているところです。

8．物流はコストではなく付加価値

最後になります。経営課題となっています労働力不足について、当社の取り組みを紹介させていただきます。図4－16は「結ぶ輸送」といって、当社の中での造語です。物流業界を一番悩ませているのが人手不足だということはご承知だと思いますが、全国をおよそ300キロ刻みで結んでいく、中継輸送をしていくという取り組みになります。

例えば、東京から出発して、神戸に荷物を降ろすというのは、1人のドライバーが行って、降ろして、

図4-16　結ぶ輸送：全国を約300kmで結ぶスイッチング輸送

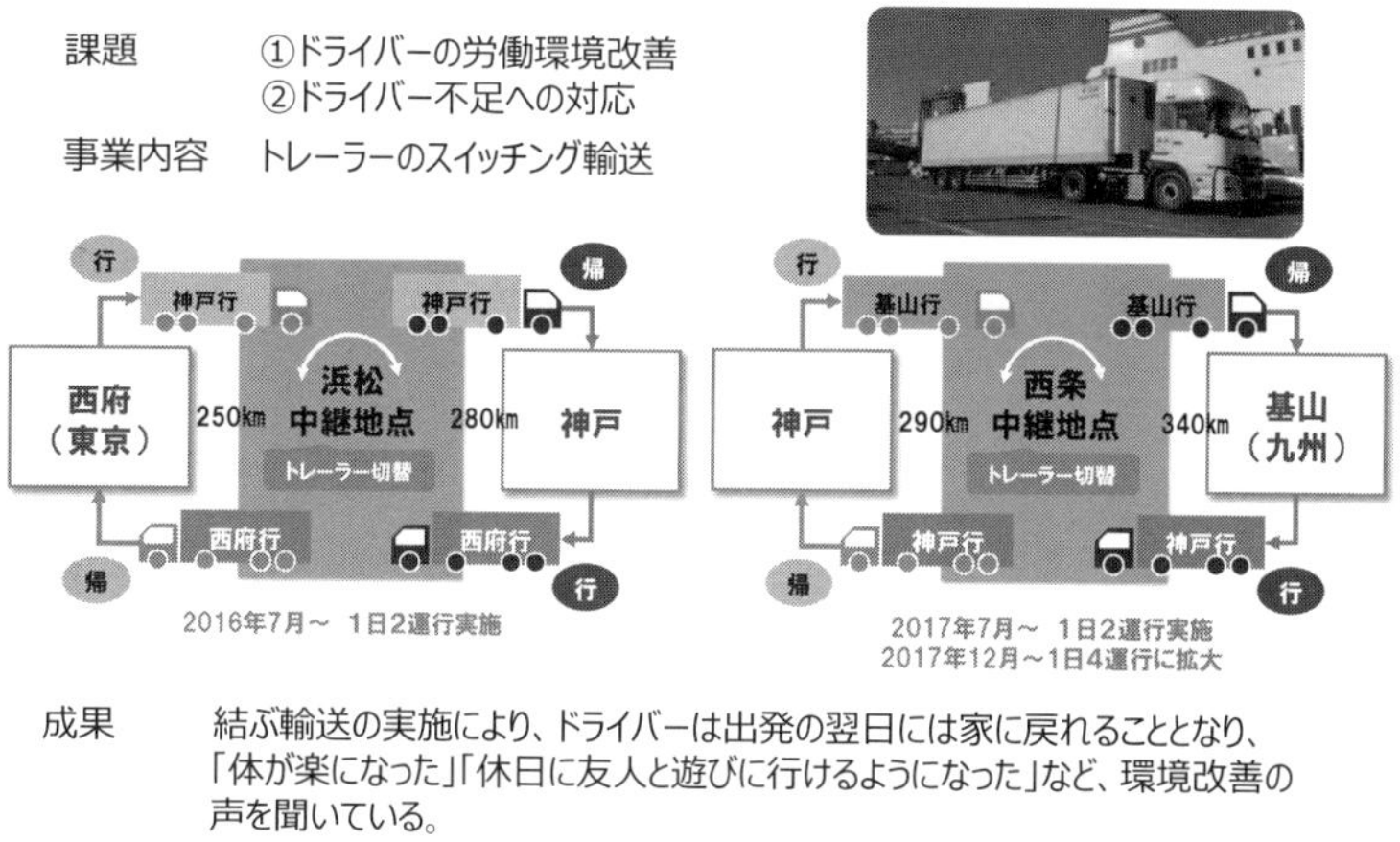

また翌日に帰ってくる、こんな運行をおこなっていましたが、東京と神戸の中間地点である静岡の浜松でトレーラーを入れ替えて、それぞれまた来た逆を戻るというような取り組みを始めています。

そうすることで、ドライバーの泊まりの運行がなくなる。関西、九州間でも、1日2便から1日4便に増やしていこうという取り組みを進めています。

着眼点として時間ですね。1人のドライバーが運行していた長距離区間を、どのような運び方すれば労働時間が短縮できるかということを、いろいろ分析、洗い出しをおこないました。待機時間や、現場での荷卸し、積み込み時間、こんなことを洗い出して、ドライバーの負荷になっていたものを軽減し、労働時間短縮につなげています。

もう1つは、**図4-17**に示すように、船舶や鉄道を利用したモーダルシフトを進めています。船舶輸送は今期16%まで比率が高まってきました。鉄道輸送のほうは関東、関西間に続いて、関東、九州間でも冷凍品のこのようなコンテナを使って、冷凍品を

図４－17　モーダルシフト　船舶輸送・鉄道輸送

船舶輸送13%→16%に高める（輸送区間500km以上）

キユーピーグループモーダルシフト推進協議会取り組み

船舶輸送

2017年12月～北海道-関東間で、貨物専用船（ＲＯＲＯ船）を使用したトレーラー輸送を開始
航行中は無人輸送が出来、発着地でそれぞれ別の運転手が荷物を運ぶ為、ドライバーの負担軽減が見込まれる

鉄道輸送

キユーピーグループモーダルシフト推進協議会と一緒になり実績を上げている
31Ftオリジナルデザインコンテナ　常温4基、冷凍４基を導入
常温：平均：月間120運行（関東⇔関西、関東⇔九州、関西⇔九州）
冷凍：平均：月間74運行　（西府⇔神戸、西府⇔基山）

鉄道で運んでいます。２０１７年はこのモーダル率という、５００キロ以上離れたところの全体の輸送物量を、21％ぐらいまでに切り替えることができたと。今期中には、大体30％目標まで、引き上げていこうということで取り組んでいます。

　ただ、今年は、広島地区の大雨の影響で、この区間の線路が使えなくなっています。逆に今はトラックが不足しているという状況が出てきています。

　食品物流業界は人手不足や、エネルギーコスト、燃料高騰など厳しさが続いています。これは同業他社も同様なものですから、こういったところをいかにチャンスとして捉えながら、グループの総合力で創意工夫をおこなって乗り越えていきたいと考えています。

　物流はコストじゃないんですよということを、私たちはよく言っています。やっぱり品質です。安全じゃなきゃいけないという、安全だから安心して食べることができる。物流はコストではなく付加価値として考えていて、皆様方には、少しでも食品物流業界のことを知っていただけたらと思います。

長い間、聞いていただきまして、ありがとうございました。以上で終わります。どうも、ご清聴ありがとうございました。

長沢　どうもありがとうございました。（拍手）

9．質疑応答

質問者（荻原）　今日はどうもありがとうございました。荻原と申します。モーダルシフトの件で質問させていただきたいんですが、聞くところで、列車の貨物を扱う場所がどうしても特定されるので、そこからまたトラックで運ぶときの手間がかかるというふうに聞いておりますが、それに関して、特別にキユーソーさんとして何か工夫されたこととかございましたら、お聞かせいただきたいんですが。

犬塚　工夫というか、今おっしゃられるとおり、普通に考えたらコスト上がるんです。現実、上がっています。もちろん物量、商品を持っている会社、あとは実際に鉄道貨物というところでは、実際に運行してるJR貨物さんなどと、いろいろご相談しながら、タッグを組み、どうやったらコストを下げていけるのか、私たちのグループ会社でコンテナヤードから荷物を引っ張ってこれれば、ちょっと安くなるんじゃないかとか。私たちグループの中にも強みがいろいろあるものですから、そういったところで総合力を発揮していきたいです。

質問者（内山）　内山と申します。今日はありがとうございます。今、世の中ではEコマースがアマゾン中心に潮流を変えているわけなんですが、そんな中で、キユーソーさんから見て、例えばアマゾンフレッシュみたいな、ああいうネットスーパーとか、そういうところの変化ということによって、何か感じるものとか、こう変わっていくとか、何かそういう動きがあるなとか、感覚でも良いですが、感じられるものがありますか。

犬塚　会社としてどう思っているかというのは、ちょっと別問題として、Eコマースって、生鮮食品というところまで配達できるようになっています。これはかなり脅威ですよね。私たちだけじゃなくて、恐らく小売さんも脅威なんだと思います。だとすると、専用物流事業のお客様と一緒になって、そういったところに対して対抗できるようなことがやれないかとか、そんなことを考えていかなきゃいけないでしょうし。ただ、ネットスーパーさんが取り組んでおられる部分は宅配なので、どれだけの拠点が広がっていって、配送範囲が広がっていくかというのは、ちょっと気になっているところです。コンビニエンスストアの動向にも注目しています。

質問者（内山）　ありがとうございます。

質問者（鈴木）　鈴木といいます。ありがとうございました。冷凍冷蔵車って、ほかのトラックと比べて特殊性がある。そこが武器なのか、特徴なのかと理解しているんですけれども、逆に電気を使って冷蔵庫が走っているといったら、メンテナンスってすごい大変なんじゃないかなという疑問があります。その部分で御社がいろいろ基地も持っていらっしゃる中で、どういうふうに管理されているのかなというのが1つと。あと、冷蔵の車とかがあるときに、その交代システム、中継地点ということの条件というところで、選定が難しかったりするのかなというところがあって、そこの部分を教えていただきたいなと。

犬塚　そうですね。当然、冷凍機のメンテナンスをしなきゃいけないというところが出てくるわけですね。これについては、冷凍庫の中の温度を、今IoTなどいろいろ出てきていますが、そういったものを取り入れ、いち早く本社や、そういったところでつかめるような仕組みを取り入れていく必要があります。

特に冷凍コンテナは、船に乗せて頭が外れて、ドライバーもいないわけなんですね。到着地に着いたらトラクターがまた行って、冷凍コンテナを倉庫まで引っ張ってくると、そういう運行になるものですから、フェリーに乗っている間は、船会社が温度は見てくれているのですが、いち早くそういったものがこちらでも分かるような仕組みというのを、今、いろいろとテストしたりしています。

それと冷凍機の能力というのを、毎年、シーズンに入る前に、大体夏場に入る前に、プルダウンテストと言っていますが、所定の時間内でマイナス18℃や、マイナス20℃まで、下がるのかというテストを全車両おこなっています。合格した車両が今年の夏、走っています。それに合格しなかったら冷凍機の更新をするとか、修理をする、そんなことをやっています。ただ、外気がこれだけ暖かくなると、なかなかそれをやっただけでは、途中で不具合が出てきたりするのも事実で、そういうメンテナンスは発生しています。

冷凍車の箱の中は、先ほどちょっと言いましたが、乾燥させるというのがすごく重要なことで、なおかつ、定期的にその中を消毒すると。こういったことをしっかりおこなっています。

あとモーダルというか、結ぶ輸送の中継地点という部分では、今回、浜松というのはトラックステーションを使いながらやっていますが、これはもう少し先になってくると思いますが、高速道路のサービスエリアを高速道路会社さんと協力しながら、中継地点として活用出来ないかということも話をしています。

これは私たちだけではなく、同業他社さん、皆さん、考えていることじゃないかなと思います。一緒になって、スペースを使わせていただきながらやっていくということも大事なのではないかと、考えています。

長沢　はい。ありがとうございました。今の関連で一言。今日も、猛暑を通り越して酷暑ですが、こういうお天気というのは関係するんでしょうか。例えば、冷凍食品が増えるから御社が大変になるとか、あるいは儲かるからありがたいとか、30℃じゃなくて38℃ぐらいになると、普段使わないような冷凍車でないと駄目になるから迷惑だとか、どんなものなんでしょうか。

犬塚　それは間違いなく、夏は暑くないといけない、冬は寒くないといけないということです。やっぱり夏に出るものは夏に向け、今つくられているわけじゃない、すでに出来上がっているものがかなりたくさんあって、それがシーズンになると一斉に出荷されていくと。冬もそうですね。やっぱり寒いから温かくなるものを食べたいと、そんなものをつくりだめする、そういって、温かくなるものをつくっていたのに、それが売れないじゃないかとか、そんなことというのは間違いなくある。

雨がしとしとずっと降るような夏であったり、冬が温暖化で暖かい状態であると、通常出ていくものが出ていかないということになってしまうと考えています。

長沢　なるほど。ありがとうございました。

今日は株式会社キユーソー流通システム　執行役員　開発本部長　犬塚英作様に貴重なお話を賜りました。どうもありがとうございました。（拍手）

第5章

日立物流が目指すスマートロジスティクス

ゲスト講師：株式会社日立物流　執行役常務　東日本統括本部長　畠山和久氏
開催形態：プロロジス寄附講座　ロジスティクス・SCM〈第8回〉
日　　時：2018年6月30日
会　　場：早稲田大学早稲田キャンパス11号館911教室
対　　象：WBS受講生

■会社概要■

株式会社日立物流
本社所在地
　〒104-8350
　東京都中央区京橋2-9-2
　TEL（03）6263-2840
代表者　中谷　康夫
【2018年 3 月期】
年間売上（連結）7,004億円
当期利益（連結）221億円
従業員数（連結）47,784人
資 本 金　168億円
創業年月　1950年 2 月
国内拠点　333拠点
海外拠点　398拠点

畠《はたけ》山《やま》和《かず》久《ひさ》　略歴

1981年 3 月　武蔵工業大学経営工学科卒業
1981年 4 月　株式会社日立物流　入社
2013年 4 月　同社　執行役常務　グローバル第一営業開発本部長
2016年 4 月　同社　執行役常務　営業統括本部長　兼　PM 推進本部長
2018年 4 月　同社　執行役常務　東日本統括本部長

長沢　「プロロジス寄附講座　ロジスティクス・ＳＣＭ」第８回目のゲスト講師として、株式会社日立物流　執行役常務　東日本統括本部長　畠山和久様をお迎えしています。「日立物流が目指すスマートロジスティクス」と題してご講演いただきます。それでは、畠山様にご登壇いただきます。拍手でお迎えください。（拍手）

畠山　皆さん、こんにちは。日立物流の畠山です。今、いろいろご紹介いただいたんですけども、私、この3月末日までは営業の部署におりました。この4月から東日本のエリアを管轄するということになりまして、今日、こういう席にお招きいただいたわけです。非常に34℃という暑い中、皆さん、15回のこういった講義を受けてらっしゃると、すごく勉強家の方たちの集まりに参加してるんだなということを思っております。

今日、私ともう1人、館内《たてうち》という人間が来ておりますけども、この人間は、うちのロジスティックエンジニアリングという本部がありますが、技術部隊ですね。ここの中の今日の題に近いスマートロジスティック推進部というところで、いろんな新技術を担当しております。2人で何とか皆さんのお話に進めていきたいというふうに思っております。よろしくお願いします。

1. 日立物流グループ会社概要

まず最初に会社の概要をざっくりご理解いただければと思います。日立物流という会社、１９５０年に創業いたしまして、もともとは日立製作所に組み込まれておりました。後から出てきますけども、日立製作所の中の運輸課というところを、１９５０年に運輸課を全部まとめて1つの会社にしたというのが「日立運輸」という会社でした。今、社名が「日立物流」と変わっております。

図５－１　日立物流の変遷（Logistics4.0へ）

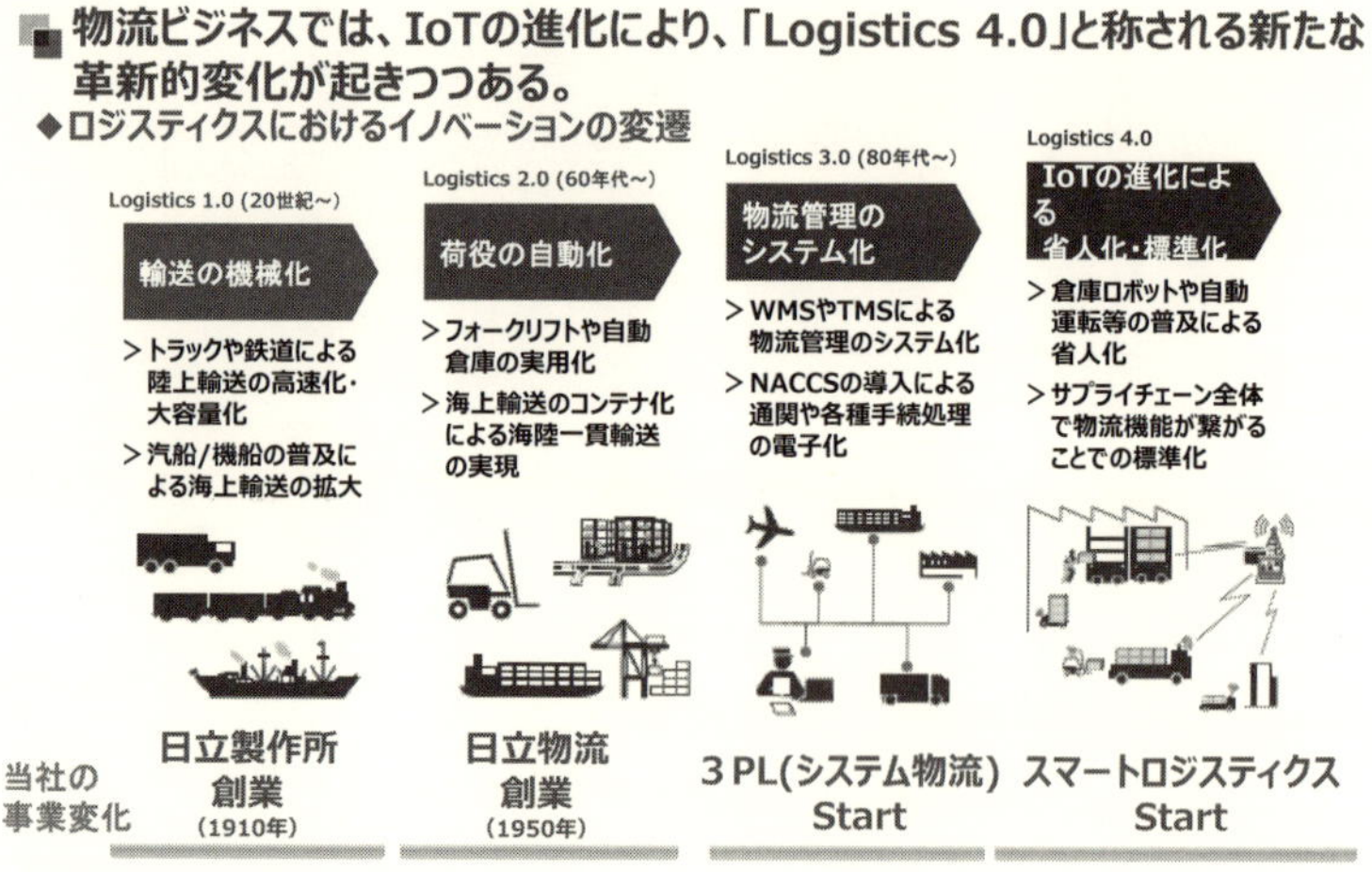
物流ビジネスでは、IoTの進化により、「Logistics 4.0」と称される新たな革新的変化が起きつつある。
◆ロジスティクスにおけるイノベーションの変遷
Logistics 1.0 (20世紀～)
輸送の機械化
＞トラックや鉄道による陸上輸送の高速化・大容量化
＞汽船/機船の普及による海上輸送の拡大
Logistics 2.0 (60年代～)
荷役の自動化
＞フォークリフトや自動倉庫の実用化
＞海上輸送のコンテナ化による海陸一貫輸送の実現
Logistics 3.0 (80年代～)
物流管理のシステム化
＞WMSやTMSによる物流管理のシステム化
＞NACCSの導入による通関や各種手続処理の電子化
Logistics 4.0
IoTの進化による省人化・標準化
＞倉庫ロボットや自動運転等の普及による省人化
＞サプライチェーン全体で物流機能が繋がることでの標準化
当社の事業変化
日立製作所創業 (1910年)
日立物流創業 (1950年)
3 PL(システム物流) Start
スマートロジスティクス Start

出典：Roland Bergerを基に当社が加工.

２０１８年３月期の年間売上（連結）が７０００億円という規模、それから人員規模、２万５０００人、一様に物流業というのは労働集約産業、後からこの問題が出てくるんですけども、労働集約産業なので、パートナー社員、アルバイトさんとかパートさんも含めて４万７０００人というような状況です。１０８社ございまして、国内外で７３１拠点という状況です。

2. 日立物流の変遷（Logistics4.0へ）

この中で日立物流の変遷ということをお話ししなきゃいけないんですけども、最近、ちまたではLogistics4.0というような今、状況になってきているという、新たなステージに入りつつあるということになっておりますが、じゃあ1、2、3は何だったんだという話です。

1というのがLogistics1.0。図５－１にありますように、20世紀に入ってから１９００何年というような時代です。トラックとか鉄道とか汽船を使って、物流を大量に運ぶようになったという時代ですね。このころ、日立製作所も１９１０年で創業しているというような状況です。

次が2.0なんですけども、荷役の自動化ということで、人手ではなくてフォークリフトだとか、自動倉庫の一部が使われるようになってきたと。それから海上コンテナというものが使われて、一貫物流が始まり出したというところです。このころちょうど１９５０年、われわれの会社も創業をしたというところです。

それから3.0になりますけども、非常にシステム化されてきたということで、ウェアハウスマネジメントシステム、在庫管理システム、ＷＭＳだとか、そういうシステム化されてきたよ、通関も電子化されてきたよというような時期。この時期に、私ども、３ＰＬ、サードパーティーロジスティクスという、お客さまの物流を一括包括で受けると。輸送だけじゃない、保管だけじゃない、作業だけじゃないというような、一括して受けるというような事業を始めたわけです。

そして今、4.0となりまして、後から出てきますけど、非常に人手が足りない、ドライバーさんが不足するというようなことで、世の中はどんどんＩｏＴが進んでいくという状況になっています。省人化、標準化というのが求められていて、どんどんこれからはロボット、自動運転と、こういうところに進化していかなきゃいけないと、そういうステージを今、迎えてるなと思っております。

写真（掲載省略）で見ていただいて、こんなように変わってきたよということがお分かりになると思います。最初のころがまさにこんな木炭車で、木造の倉庫、ここからスタートしてます。このころはちょうど三種の神器、洗濯機、テレビ、冷蔵庫、こういったものが世の中にどっと売れ始めたころで、ここに満載してますのも全部、洗濯機です。こういった車で運んでいたという時代でした。

ちょうどこのころ、日本の企業も海外でやっと認められるようになって、親会社が重量品関係もやってますので、こういうものを輸出するようになりまして、これはイランとか、カナダとか、そういうところ向けにこういう重量品も運んでいたという写真です。今、イランがまたもめ始めてますけども、このころはこういう仕事もかなりあったという時代です。

今はちょっと前の絵（掲載省略）になりますけども、このような倉庫の中にコンベアだとか、それから仕分け装置だとか、それからＤＰＳ、ソーターというようなものを入れて、どんどんどん省略化を図りつつあるんですけども、これだけじゃいけないなというのが、これからお話しする4.0の話になってまいります。

車は一見、何が変わったのと思われるかもしれませんけども、細かいことを言いますと、例えば昔はエアコンなんかはなかった、エアコンが付いている。それから今はドラレコ、それからモービルアイだとか、それからスリープバスターだとか、運転している人の危険または不具合を事前に察知するというようなことも、外観上分かりませんけども、車には備えております。

それから、荷役の問題でほろを掛けるとかいうのもなくて、今、ほとんどこのようなウイング式の車、または後ろにあるような荷物をテールゲートで降ろせるような車というような形に今、どんどん変わってきております。

3．日立物流の事業概要とグローバルネットワーク

当社がどういう領域をやってるかということなんですけども、もともと日立製作所とか日立グループの仕事をやってたわけなので、ものづくりをするという製造ですね、その前の材料の調達を一時ストッ

図5－2　事業概要

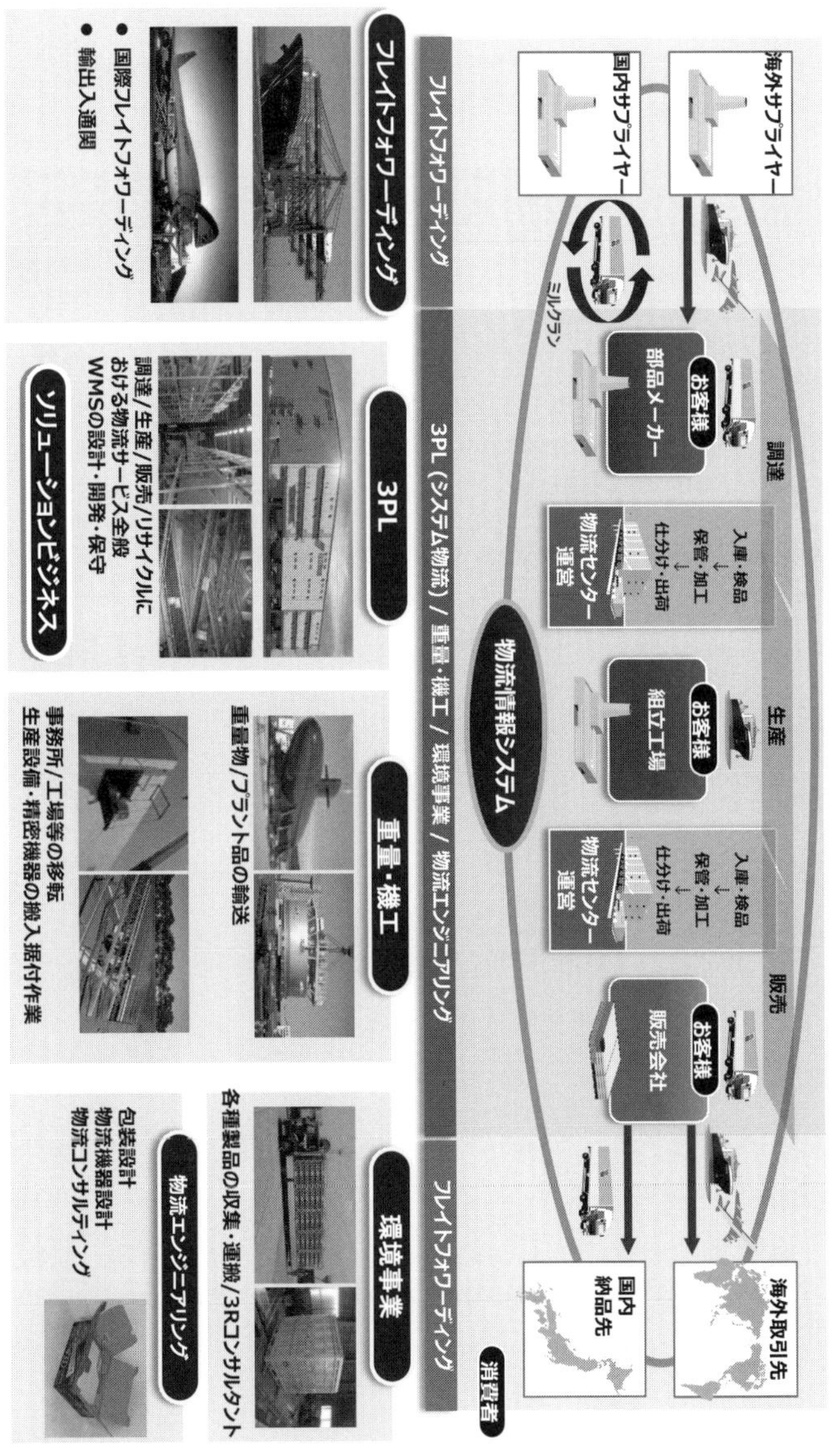
海外サプライヤー
国内サプライヤー
ミルクラン
調達
お客様
部品メーカー
入庫・検品
保管・加工
仕分け・出荷
物流センター運営
生産
お客様
組立工場
入庫・検品
保管・加工
仕分け・出荷
物流センター運営
販売
お客様
販売会社
海外取引先
国内納品先
消費者
物流情報システム
フレイトフォワーディング
3PL（システム物流）／重量・機工／環境事業／物流エンジニアリング
フレイトフォワーディング
フレイトフォワーディング
国際フレイトフォワーディング
輸出入通関
3PL
調達／生産／販売／リサイクルにおける物流サービス全般
WMSの設計・開発・保守
ソリューションビジネス
重量・機工
重量物／プラント品の輸送
事務所／工場等の移転
生産設備・精密機器の搬入据付作業
環境事業
各種製品の収集・運搬／3Rコンサルタント
物流エンジニアリング
包装設計
物流機器設計
物流コンサルティング

クして、工場のものづくり現場に届ける。できたものを1回倉庫に入れて、分かりやすく言えば、洗濯機だとかテレビだとかを皆さまのところにお届けするというようなことをやっているわけです。

図5－2に示した事業を国内外含めてやっているわけですけども、下に書いてありますように、フォワーディング、3PL、それから重量・機工等々やってますが、今、当社の占める割合は3PLというところが非常に大きな割合で、7割ぐらいを占めているというような状況です。今現在、日立グループの比率というのは2割ぐらいで、8割ぐらいが一般のお客さまというような状況になっています。

どんなお客さまなのというと、小売業、電子関係、部品関係、情報業、それから住宅、小売ですね。ここら辺が非常にいろんな業界が含まれています。食品、生活というようなところで、こういったお客さまの3PLをやって、約7割ぐらいを営業収入として得ているという状況です。

進出地域は日本、それから北米、アジア、東アジア、欧州というようなことになっています。

4．日立物流のスマートロジスティクスの背景と概要

ということで、次の段階に移りますけども、図5－3に示します通り物流業界を取り巻く環境というところが、皆さん、どのぐらいお感じになってるか分かりませんけども、昨今、ある宅配業者さんの長時間労働の話だとか、いろいろ出てましたから、ちょっと皆さん、興味を持っていらっしゃるかもしれませんけども、見ていただいて分かるように、トラックの就業者が40％以上が50歳以上ということで、遠距離をやってる人が非常に減ってきたと。遠距離をやってる方、非常に高齢者が多くなってきたというようなことだとか、EC市場、EC関係、激増しておりますので、これに頼る体制または人員が非常に枯渇している、困っているという状況です。

図5－3　物流業界を取り巻く変化

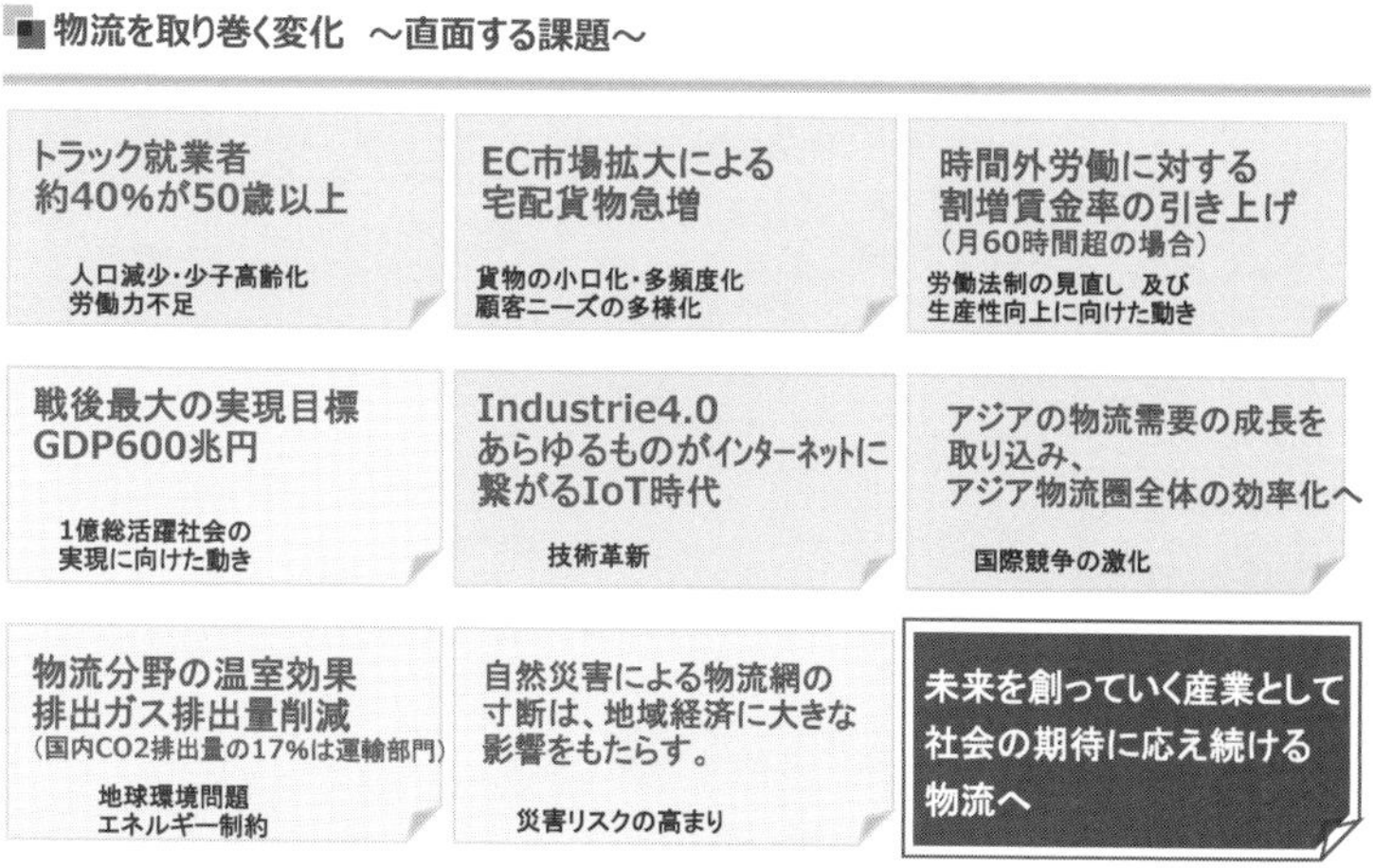
■物流を取り巻く変化　～直面する課題～
トラック就業者
約40%が50歳以上
人口減少・少子高齢化
労働力不足
EC市場拡大による
宅配貨物急増
貨物の小口化・多頻度化
顧客ニーズの多様化
時間外労働に対する
割増賃金率の引き上げ
（月60時間超の場合）
労働法制の見直し　及び
生産性向上に向けた動き
戦後最大の実現目標
GDP600兆円
1億総活躍社会の
実現に向けた動き
Industrie4.0
あらゆるものがインターネットに
繋がるIoT時代
技術革新
アジアの物流需要の成長を
取り込み、
アジア物流圏全体の効率化へ
国際競争の激化
物流分野の温室効果
排出ガス排出量削減
（国内CO2排出量の17%は運輸部門）
地球環境問題
エネルギー制約
自然災害による物流網の
寸断は、地域経済に大きな
影響をもたらす。
災害リスクの高まり
未来を創っていく産業として
社会の期待に応え続ける
物流へ

出典：国土交通省.

それから、労働のいろんな条件が厳しくなってきており、関係官庁の指導がありまして、これをきちんと守っていないと大きな処罰を受けるというような状況であり、地球温暖化、CO_2の問題等取り巻く状況も厳しくなってきてます。

こういったことを踏まえて、どういうふうに私たちはさらに発展、展開していかなきゃいけないのかということなんですけども、例えば大規模な設備を入れて効率化を図るというようなことをやりますと、作業の山、谷、1週間のうちでも忙しい日とそうじゃない日があるんですけども、柔軟性が取れなくなっちゃう。細かい、いろんなお客さま1つひとつの案件のニーズに応えてると、今度は生産性が上がらないというようなことで、ずっと今まで悩んでるんですけど、これは両立しなきゃいけないということです。

したがって、今までの私たちのやり方を続けてたのでは、多分もたないということで、下に書いてありますようなロボット、それから人工知能、

図5－4　日立物流が考える物流技術の将来像

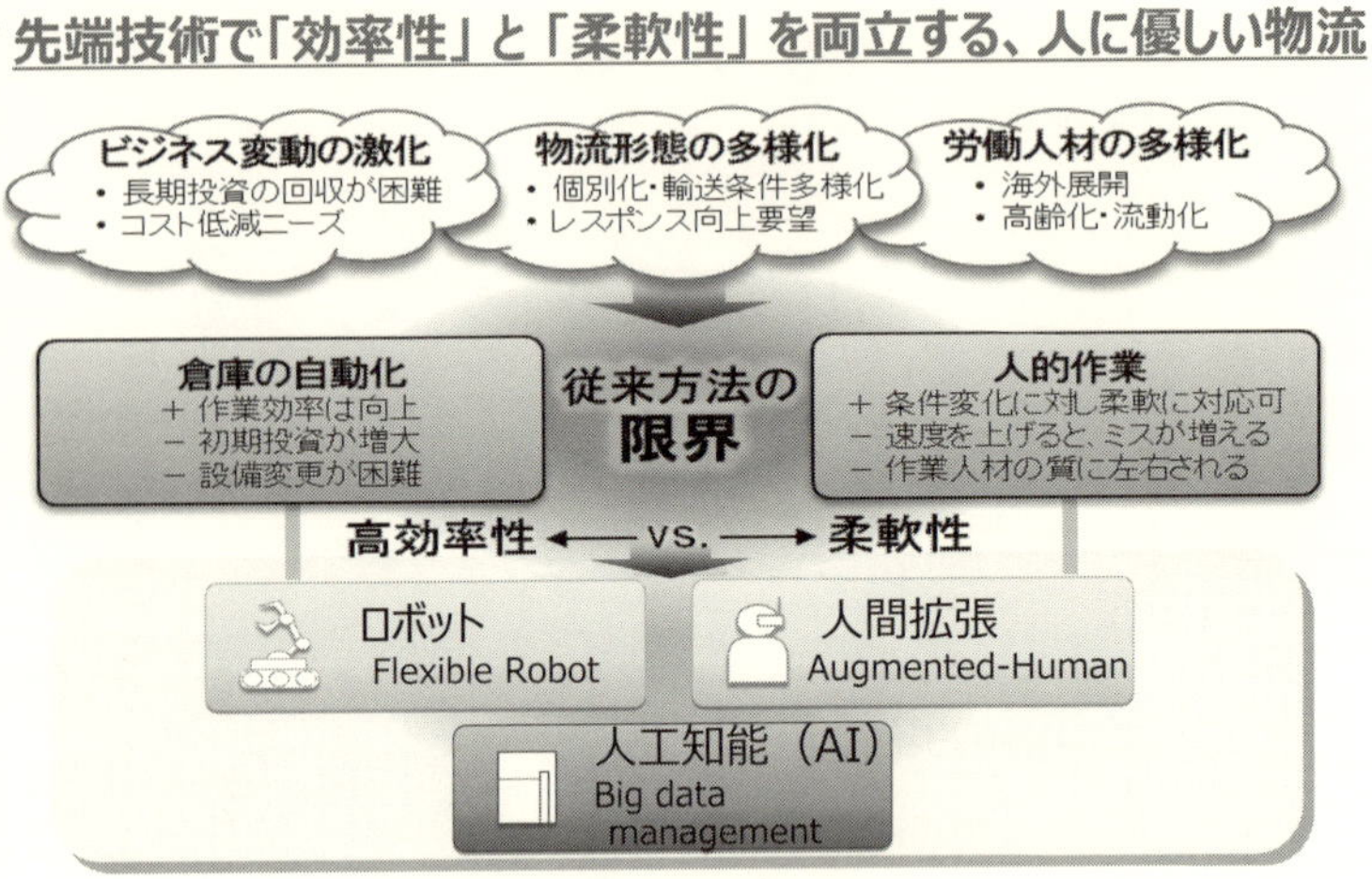

それから人間拡張。人間拡張というのは、人間の生産性をどこまで上げられるかというようなことを研究して、それを現場にはめていかなきゃいけないなというふうに思ってるわけです。

ちょっと図5－4を見ていただくと、簡単に言うと、入庫からぐるっといろんな保管とか集荷とか検品とか梱包を経て出庫するわけですけど、この中に、お客さまごとに物流が違いますので、どういう省人化だとか効率化を図ればいいのか。1つのやり方だけではいろんなお客さまに対応できないということでありますので、あまり大がかりな設備を入れちゃっても効率が出ない。逆に大がかりな設備を入れちゃったほうが効率が出るというようなお客さんもあります。したがって、いろんなモジュール、組み合わせを考えて対応していかなきゃいけないというふうに私たちは思っております。

ここを動画で皆さんに見ていただいて、どんなことをやろうとしてるのかな、もうやってるのかなということを見ていただきたいと思います。

（VTR開始）

ナレーター　スマートロジスティクス。それは最先端のテクノロジーを活用して、お客さまに最適な物流システムを提供する次世代物流ソリューションです。

スマートロジスティクスを構成するのはご覧の3つの事業、各事業の融合が最適なグローバルサプライチェーンを実現しています。例えば、これが鉄道事業へのソリューション。海外サプライヤーからの部材を調達し、国内で製造、ユニットごとに輸出して、現地で組み立て、完成させます。この一連のサプライチェーンにおいて、日立物流は3PL、システム物流を基に、重量・機工やフォワーディングのノウハウをITとLTを組み合わせて連携、そうすることで国や企業の枠を超え、お客さまの物流にかかわるすべての事業を担う最適なグローバルサプライチェーンを構築しています。

こうしたグローバルな競争事例は、鉄道をはじめ、電力などの社会インフラ、産業機械、自動車、医薬など、幅広い産業分野で実績を重ねています。

そして、スマートロジスティクスの進化に貢献するのが、自動化、可視化、最適化にかかわる数々の最新技術です。労働人口の減少やネット通販市場の拡大によるサービスレベルの多様化など、物流サービスを提供する上での事業課題に対応すべく、2016年、日立物流ではR&Dセンタを設立、無人搬送車と双腕型ピッキングロボットを組み合わせたピースピッキングの無人化システムや、ミックスかつランダムワークを対象にしたマスターレス型デパレタイズシステム、パレットなどの搬送、荷役を自動で行う無人フォークリフト、人や台車を認識して自動で走行する追従型搬送ロボット、近年、物流現場での活用が検討されているドローンなど、さまざまなロボティクスを活用し、物流現場の自動化を目指した最新技術の開発、検証を進めています。

このほか、画像認識技術により複数の商品バーコードを同時に読み取ることができる画像検品システムや、サプライチェーン全体で導入が進められているＲＦＩＤを活用した検品システムなど、従来の人手作業をより効率化する省人化技術の開発にも取り組んでいます。

さらにこれらＲ＆Ｄセンタで開発した技術を実際の現場オペレーションに展開することで、自動化、省人化の運用ノウハウを蓄積し、次世代の物流センターを実現しています。

複雑かつ多様化する物流において、刻一刻と変わる、人、ものの動きをリアルタイムに把握することは非常に困難です。そこで日立物流ではＩｏＴの概念を取り入れ、センサーによる人測位技術などを活用した現場の見える化や、人の動きをトレースし、作業のロスを特定、そうすることで作業の効率向上につなげる技術を開発しています。

さらに当グループで保有する地域の倉庫や物流機器の情報を一元管理、共有することでリソースの有効活用を促進しています。

多様化する物流現場において、人手による最適化は限界に達しています。そこで日立物流では現場で蓄積されたノウハウをシステム化し、あるべき姿とのギャップをリアルタイムで分析、現場の作業指示に反映します。

さらにサプライチェーン上のデータを活用し、ＡＩによる需要予測や物流ネットワークの最適化を提案しています。

このように、日立物流は物流センターを中心とした部分最適にとどまらず、お客さまがかかわるすべての領域を対象にした全体最適の視点で最新技術を進化させ、お客さまのサプライチェーンの全体最適、ビジネス拡大に貢献してまいります。

物流業界を取り巻く環境はダイナミックに変化しています。その中で、日立物流はこれまでのロジスティクスの枠を超え、新たな領域へ、そして未来に向けて競争領域を拡大、グローバルサプライチェーンに最適なソリューションを提供する企業として、常に先を見つめ、未知を切り開き、社会に新しい活力を届けてまいります。

（ＶＴＲ終了）

畠山　非常に格好いい形になっちゃってるんですけど、こういうことを目指していきたい、実現できているものと研究中のもの、それから今、実証中のものというのがあるんですけども、１つ悩ましいのは、新しい仕事を始めるところには比較的こういうのを導入しやすいんですね。先ほどお話ししましたように、すでに何十カ所もある拠点をどう変えていくかと。すべてがリニューアルできればいいんですけども、そうではないところ、今の仕事をやりながらどう変えていくか、ここは非常に悩ましいところです。したがって、実証して、現場でもうすでに入れたもので使えるものはどんどん使えるものから入れていこうと、まずはそれをやるしかないんです。

どれだけ人が減っていくかというような問題を最初にお話ししましたけども、私どもだけで見ても２０１１年から２０１６年までの間、この５年間で作業していただく方の費用というのが12％ぐらい上がっています。そして今度、２０３０年に向けてどうなるかというと、これはコストがいくら上がるか分かりませんけども、労働人口が12％減るんです。過去５年間で12％コストが上がった。今度は将来30年までに労働人口が12％減ると。必ずコストも上がっていくであろうと思ってますので、こういうものを見込んだ何をこれから設計していくのか、それから、既存のところをどう変えていくのかということを早くやらなきゃいけないなというふうに思っています。以後、自動化、可視化等について、もうちょっと詳しくお話ししていきます。

5. スマートロジスティクスについて①自動化

物流を人に例えると、脳だとか、目だとか、耳だとか、腕だとか、足だとか、いろいろ視覚的、聴覚的なものもあれば、筋力的なところもあるというところです。これが非常に高齢化、不足しているというようなところで、1つひとつこれをつぶしていかなきゃいけない、対策を打っていかなきゃいけないということです。

まず簡単なところですけど、グローブスキャナとこの写真（掲載省略）の上にあるのはスマートグラスです。通常ですと、ここにいるような作業員がピッキングリストとボールペンを持って、台車を引いてピッキングしていたと。何を何個持ってきなさいと書いてあるロケーションまで行って、何を何個取ってということをやっているわけです。または紙を使わないで、ハンディバーコードターミナルを持って、自分がどこに行く、そして何個取る、そのときにはJANコードをスキャンするというようなことをやっています。これをハンズフリーにしたいなということで、眼鏡型のスマートグラス、ここにあなたはどこに行って何を取ってきなさいというのは表示が出るんです。それから取ったときには、向こうにある手袋のようなグローブスキャナ、ここにハンディーが入っていますので、それでピッピッピッピッとスキャニングしていくということで、手は両方とも空いているというような状況、これをチルド倉庫とかでも使っています。ちょっと映像を見てください。

これは当社の社長が「賢者の選択」というテレビ番組に出たときに使われたのを、ちょっと使っています。

（VTR開始）

社長　リストを見て、もう片っ方にバーコードリーダー。とてもじゃないけど、時間がかかってしょうがないです。眼鏡の画像はどこの場所に行って、何を何ピース取りなさいと、こういうことを示したり、こういった作業のリストを持って、これを活用しようというふうにしています。

聞き手　そうすると使う人は手がフリーになりますよね。これ、一番重要ですね。

社長　なかなか効率よく出てきているというふうに思っています。

（VTR終了）

畠山　細かいことなんですけども、生産性を何パーセント上げられるか、1時間当たり取るピースが何ピース取れるか。これが100人、200人いる職場、こういうところでは非常に結果的には効いてきます。それから今度、画像の認識ということで、今までは出荷の直前にカゴ車に乗っかっているような商品を1つひとつ、バーコードをスキャンしていました。これを一括してスキャンするというものです。

すみません。この写真（掲載省略）は、お客さまの商品のところを隠してあるというか、ぼかしちゃってるので、ちょっと見にくいんですけども、こういったものを1つひとつスキャニングしないでも、六輪カートのステータスと、それから検品を一遍にやってしまうということで、ここで大きな工数削減が取れるというものです。

この写真（掲載省略）は無人フォークです。フォークリフトというと、通常、有人で動いてるわけですけども、こういう無人のフォークにして、例えば入庫したものを一時仮置きして、夜中のうちに所定のロケーションにしまうだとか、それから後からも出てきますけど、空パレットの移動とかいうようなものは、全部こういう無人フォークにやってもらうというようなことですね。このフォークは下に書いてありますけど、レーザーで位置計測した電子マップを自分で持ってます。さらに自分でレーザーで位置観測をして、自分が持ってる電子マップと照合して、目的地にたどり着くというものです。

まだ歩行してピッキングしている人とか、有人のフォークリフトと一緒に動くというのは、ちょっとまだ難しいかなというところがあります。したがって、この無人フォークだけで単独で人間が休んでる時間、夜中だとか、そういうときに黙々と動くということをやっていきたいのです。当然、今、撮影のために電気がついてますけど、電気も何もつけなくても全く問題ないというものです。

この写真（掲載省略）が追従型の無人搬送車というもの、サウザーと呼んでおりますけども、これも人が一時期にたくさんのものをピッキングできます。そのピッキングした後ろに続けて追従させると、一緒に付いてきます。一遍に大量のものが取れるというような仕組みになっています。

また、当社で使ってるのは商品を乗せ運んでるのもありますが、カゴ台車が大量に仕事が終わった後に元の場所に戻さなきゃいけないというようなものも、人員例えば5、6名、8名ぐらい、大きな移動をかけてるのがたくさんあるんですけども、そういうものはこのサウザーが全部、所定のラインの上を走って、もともとある場所に返却するというようなことをやってくれています。

次の写真（掲載省略）はＡＧＶのピッキングシステムと書いておりますけども、この棚に、取りに行ってたんですね。棚に荷物を取りに行ってたんですけども、棚がこっちに来てくれると。棚の下に破線で丸を囲っています。これがRacrewと呼んでるものなんですけども、掃除機のルンバみたいなものの大きなもので、棚を持ち上げて持ってきてくれます。したがって、ピッカーは歩かなくていいというようになっています。

この中にたくさんの品物が棚保管されているのが、出荷の順番にしたがって人間がいるステーションまで持って来ます。人間がそこから、例えばこのアパレル商品だったら、5ピース取って、振り返って今度は納品する店舗さん、5種類の店舗様があれば5種類、3種類だったらば1枚、2枚、2枚とか、そういうふうに振り分けます。まだこの振り分けのところが人手になっています。この段階では。そういうふうな仕組みです。まずは移動して棚を持ってくるというところがRacrewの特徴です。

次の写真（掲載省略）は双腕ピッキングロボットです。これはピッキングを人がやっていました。さっきのは人がやってましたけど、これをロボットにやってもらおうということで、腕が２つあるということで双腕なんですけども、棚のものを引っ張り出して中のものを取ります。ただ、取るだけだと１本になっちゃうんですけど、箱を引っ張り出して中のものを取るというような動作ができるものです。先ほどのRacrewで持ってきました。持ってきましたものを双腕ピッキングロボットが、人間がやってるようなピッキングをやってくれます。

この写真（掲載省略）は今現在、４００グラムぐらいのものを1個、ピース当たり持ち上げてるんですけども、7キロぐらいまでは持ち上げられる性能のものです。今現在は４００グラムぐらいのものを持ち上げています。これが先ほどのステーションが人でやっていた仕事、これに代われるのでしょうか。今は固定なんですけども、この双腕ロボットをRacrewの上に載っけると、Racrewでいろんなところに移動しながらピッキングができるというようなことを今、研究中です。

この写真（掲載省略）はデパレタイザーです。無人の荷下ろし機です。ベンダーさんが物流センターに荷物を持ってきてくれます。これを今度は店舗様向けに分けるだとか、分ける前にソーターという機械に流すんですけども、そのソーターという機械に載せる作業をしてくれます。ベンダーさんが持って

図5-5　【自動化】日立物流の研究開発：R&D センタのめざす姿

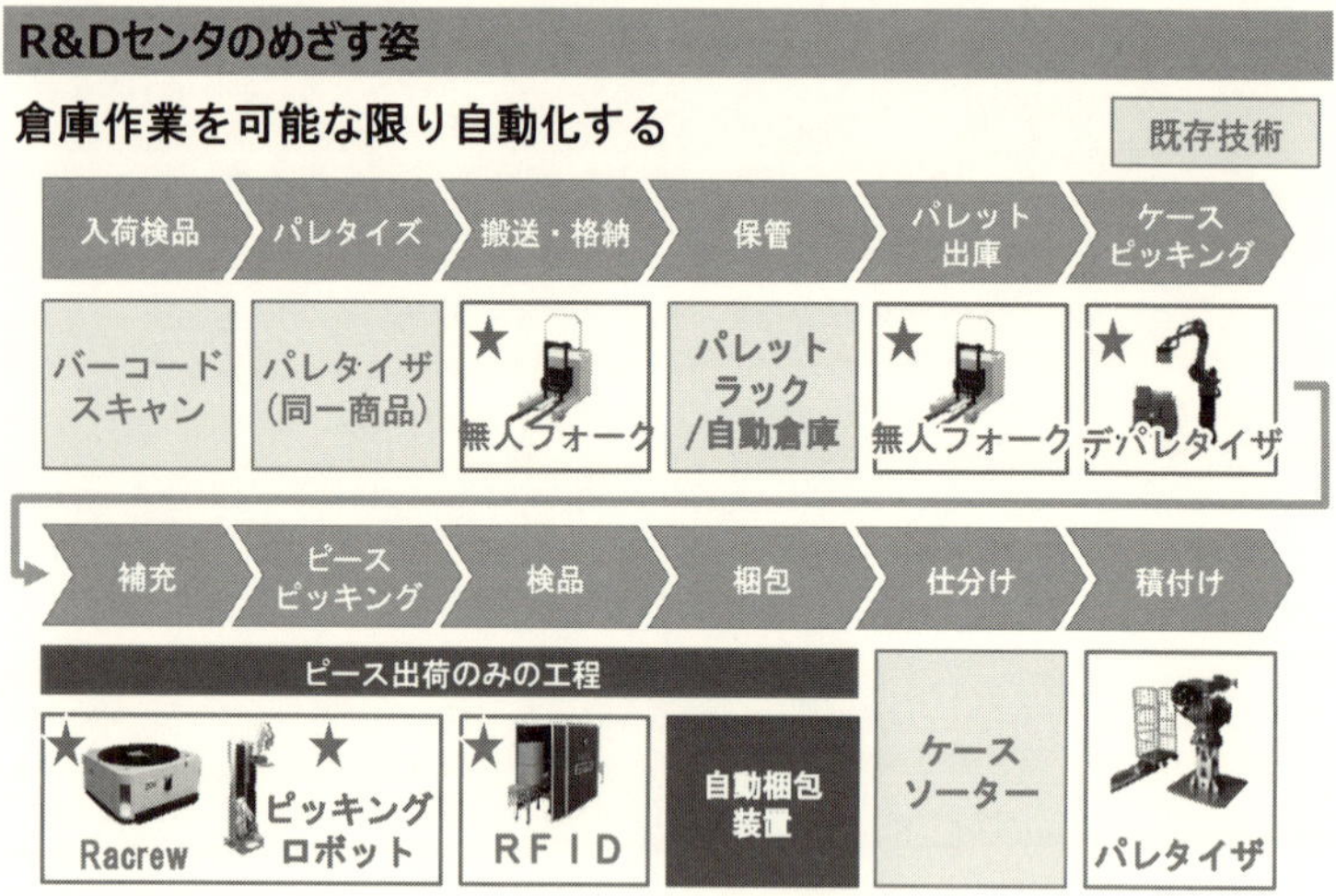

きたところというのはトラックが着くところですから、外気にさらされています。暑いです。今日みたいに34℃とか40℃とかになります。そこで下りてきたパレットを全部コンベアに載せるという作業は非常につらいです。この仕事を何日かやって辞めちゃう方もたくさんいます。こういうところを自動化していこうというものです。

以前からこういうデパレタイザーロボットというのはありました。ありましたけども、それは同じ形の箱、同じ形の折りコンを工場から出てきたものをコンベアに載せる。これはあります。今でも扱っています。今回のはいろんな形のもの、縦、横、重さ、違うものを画像で識別してやってくれるというもので、今現在、17キロぐらいまでのものを扱ってますけども、性能上は80キロまでのものを持ち上げられるというようになっております。

次の写真（掲載省略）は自動梱包。梱包も非常に手間のかかる仕事です。これはまだ入れておりません。入れておりませんが、この18年に導入予

図5-6　【自動化】日立物流の研究開発：R&Dセンターの主な設備

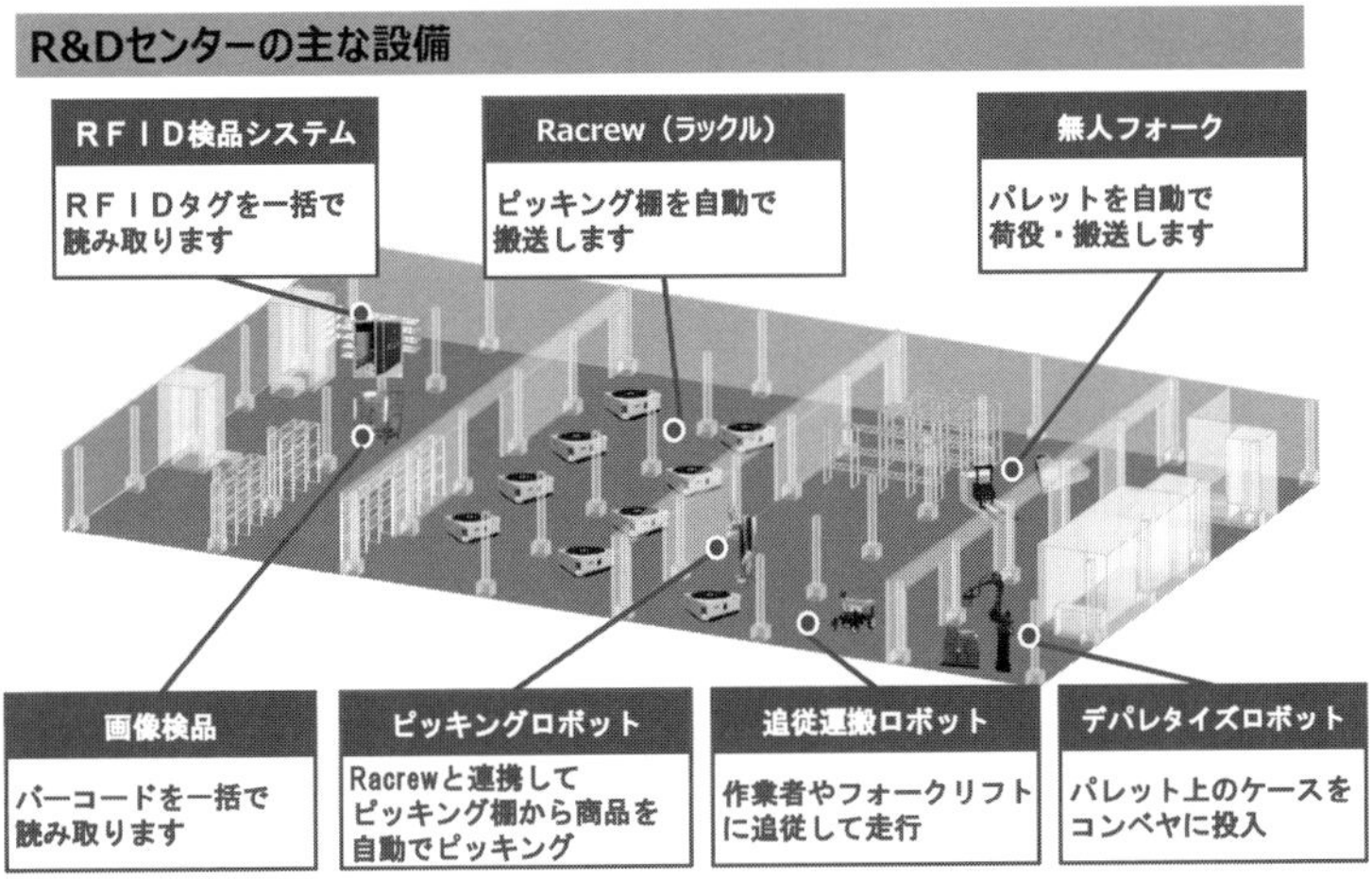

定です。ちょっとイメージを見てください。ピッキングした荷物が来ます。その入ったトレーの底がポーンと抜けて、段ボールのところに荷物がボーンと入る。上から横から閉めるというような梱包をしてくれると。さらに段ボールのサイズの切り出し、切り分け。大きい段ボール、小さい段ボールというようなものまでできる梱包機もあります。

そういったようなものを現場に実装してるところもあるんですが、まだ研究中のものが多摩にあるR&Dセンターの4階のフロアです。1300坪使って、現場に行って使えないのでは大変なことになりますので、実証実験をして、使えるものになるものを現場に出しているというスタイルを取っています。

図5-5のように入庫から出庫まで、このような流れになっていて、網掛けになってるところはもうすでにやってるところなんですけど、赤い枠で囲ってあるところ、これが今研究中とか実証中とか、一部使ってるとかいうようなところです。

私としては、この自動梱包機、青で白抜きになっ

図５－７　【自動化】最新物流センター事例

注：「Racrew」は（株）日立製作所の日本国内の登録商標です．

てる自動梱包機の前に検品とあるんですけど、これをぜひ早く進めたいと思っています。検品がミスもあります。それから人によっての精度、生産性も違うので、これをぜひ機械化していきたい、そして自動梱包に結び付けていきたいというふうに思っています。

Ｒ＆Ｄセンターは１フロアの中に、図５－６のように無人フォーク、ピッキングロボット、デパレタイザー、Racrewだとかが並んで、どういうふうにしたらもっと効率が上がるかな。システムがあります。これらの機械にはシステムが連動してますので、そのシステムをどういじったらどう変わるかなというようなことも検証もしているわけです。

それから、図５－７がすでにRacrewを入れて、前後作業も自動化した土浦の事業所の紹介になります。

ここはお薬のお客さまですね。衛生管理等は厳しいところですけども、お客さまも理解していただいて、ぜひこういう自動化設備を入れてやっていこうということで、始められてきているわけです。

これは下から上がってきた荷物、これをRacrewの棚に補充をかけているところ。ここでピッキングの準備がスタンバイできる状態です。これからピッキングが始まるということで、先ほど言ったステーションのものがこれからRacrewで流れてくる。ちょっと、これ、写ってませんけど、流れてきたものが後ろの折り畳み式コンテナに振り分けるということなんですけど、下から上がってきた空パレット等々はまた下に戻さなきゃいけないので、こういう自動搬送の機械で降ろしていくということの繰り返しをやっています。

これができると比較的、日中でも、それから夜でも人手がかなり削減できて、作業ができるということになっています。Racrewではアパレルの世界なんですけども、生産性が2・5倍から3倍ぐらい上がったというような実績も残っております。

6．スマートロジスティクスについて②可視化

次が可視化技術というところです。今、機械の紹介をずっといたしましたけども、どうしても倉庫の中には、人がいなければできないことがたくさんあります。こういうところを少しでも可視化して、無駄の排除等々、作業の問題を直していくというようなことをやっています。

左側のほうはビーコンをところどころ、要所、要所に付けまして、人がどう動いてるのかなということを検知するというものです。これによって、この通路には人が多いなとか、渋滞してるなとか、だったらどういうふうに人を分けようか、またはピッキングのスタートの位置を変えようかとか、または在庫の置き方を変えようかというようなことが検証できます。何もないと分からないんですが、こういう

のがあると検証ができるというものです。

また、右側のほうは姿勢計測とありますけども、このＫＩＮＥＣＴというものを置いて、どういう動きを人がしているかと、骨格がどういうふうに動いているかということです。不安全な動きをしているというようなものは、これは全部つぶしをかけるために、こういう不安全行為があるよということを確認したり、または、流通加工等々では生産性がものすごくいい人と普通の人と悪い人がいます。皆さん、素直な方が本当に多いので、生産性のいい方の動きをＴＴ（Technology transfer、技術伝承）しますと、すごく変わるんですね。だけど、いい人の動きがどういう動きをしてるのかが分からない。何となく分かるけど、あの人速いよね、でも何がいいのかが分からない。ところがこういうことで解析しますと、それが分かる。不安全行為も分かりますし、生産性の高い人の動きも分かる。これを横展開していこうというものです。

7．スマートロジスティクスについて③最適化（シミュレータ・ＡＩ・需要予測）

次に最適化というところになりますけども、いろんな新規のお客さまだけじゃなくて既存のお客さまからも、今のうちの物流はこうだけど、こう変えたいんだ、こういうふうに変えるよ、来期はと。それに対しての提案ちょうだいよというようなことが言われます。また海外ですと、ＡＳＥＡＮ地区なんかですと、関税が変わったりだとか、ＦＴＡ問題だとか、どういうふうに物流を変えたらいいのかなというようなご相談が来ます。そういったものに対応していくシミュレーション技術です。

これは全体で言うと、先ほど言った海外のサプライヤーさん、工場さん、倉庫さん、それから市場、皆さんにお届けするところ、そういう全体のサプライチェーンの設計の話もありますし、それから図5

図5－8　【最適化】技術紹介（シミュレーション技術）

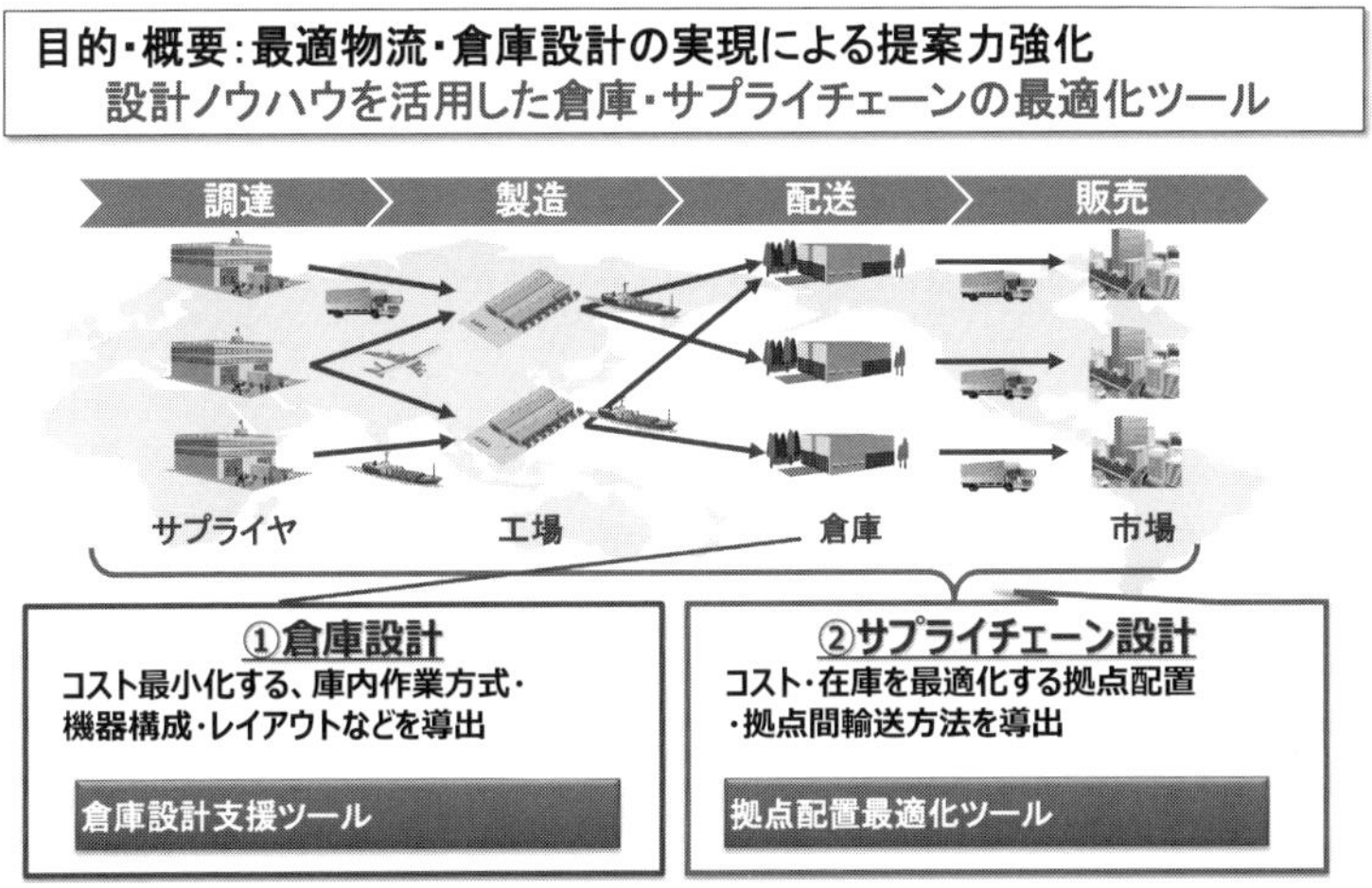

－8の①倉庫設計に書いているような単体の倉庫の中身の設計ということにも使っています。

小売系のお客さんですと、関東地区の3拠点から2000の店舗に配送をかけています。今度2000以上、店が増えるということで、拠点を増やさないともうできません。じゃあ、どこにどれだけの拠点を設ければいいのかというようなお問い合わせ、投げ掛けに対してやったものです。いろんなテンプレート、パラメーター、データ等を入れまして、お店の位置だけではありません。物量、それから道路状況等々入れてシミュレーションするわけです。

今、3拠点で配送かけている、7拠点を候補地として、どこが最適解かというのをやると、追加するのは拠点甲と拠点乙、この2拠点を追加すると、コストシミュレーション上はベストになりますよということです。ここには地価の問題とか、人の採用、アルバイトさんとかのパート単価とか、そういうものも全部含めています。これが非常に短い時間、数分というようなものでできるような仕組みになっていまして、実際、これを入れてみたお客さんがトータルコストが8％ぐらいは下がったということになっております。こういったことをどんどん活用していきたい。

現実、海外でもお客さんが工場をどこにつくったらいいかと。材料を集める集積する場所と、それから消費地と、こういうふうになってるんだけど、工場をどこにつくったらいいんだというようなことで使ったこともございますし、あとはコンビニさんとかＧＭＳさんのデポをどこに置いたらいいのかというようなことで使っております。

こういうことを今までせっせと人手でやっていたんですね。エクセルだとか、いろんなものを使いながらやってたんですけど、とてもとてもいろんな要素が増えてくれば増えてくるほど、人ではできないということで、人工知能といったものをどんどん活用していこうという動きにもなってきます。人工知能というのは、私たちは学習する機能、それからそれに基づいて判断する機能、これを持ってるものだというふうに思っています。赤文字で書いてありますように多種多様、それから時間経過に伴い状況が変化していくと、こういうものに対して人手では対抗し切れないということなので、取り組んでいきたい。

いろんな手法・アルゴリズム、それからツール、そして応用していくところで、ここに書いてありますような作業効率分析だとか、物量予測だとか、ロボット制御だとかやって、一番下にある最適化、予測、認識・制御というものに、物流センター、物流を変えていきたいということです。

私たちは２０１３年から倉庫の中の大量のデータ、これを活用した分析改善をやっています。作業効率分析、それからリソースですね。この最適な配置、設備の量、マテハンも含めてどうするか。それから物量予測。物量予測は結局、その日、その日の人員予想につながっていきます。こういったことをやっているということです。

これは人工知能の活用ということで、次のページに出てきますけど、多い人は1日に倉庫の中を10キロから15キロ歩いています。これを歩いてる時間が作業の半分ぐらいの時間だということで、この生産性をもっと上げる、または落とさない良い方法はないものだろうかということで、次のページでご紹介するように、人工知能でこれを分析した結果です。

設定テーマは真ん中にあるように人が設定してますが、生産性を改善するというのが大きなテーマです。そのために、左側にあります今まで使っていたピッキングカートだとか、ハンディターミナルの過去のデータを全部、作業実績データを入れて、人工知能を回すということをやった結果、改善箇所が何カ所か発見されました。そのうちの2つ、今日お話ししますけども、意外なことにこの表ですね、作業員がたくさんいますけど、それをまとめてる管理者というのがいます。管理者の上に所長がいるんですけど、その管理者が現場を見て歩くと、または会話をして歩くと、急に生産性が上がるということです。

ちょっとグラフの表現が悪くて、もともとゼロじゃなくて、生産性が例えば1時間当たり５００やってたと見てください。５００やってた人がそういう作業者とか監督者が来ると、１００以上生産性が上がると、５００が６００になるというようなことなんです。それがどのぐらいもつかというと、約2時間弱まではもちます。何が言えるかというと、じゃあ2時間に一遍ぐらい、リーダーなり、所長が現場を回ると、かなり高い維持が続くというようなことがこの結果から分かるんです。

実際、それをやってみると、人間って疲れてきますから、ずっとはそうはいきませんけども、やっぱりその効果は出てきてるということが表れています。そういったことが普段の中では分からなかったんですけども、こういう人工知能を使って回してみたら分かったということです。

次のスライド（掲載省略）は混雑と作業時間の関係です。先ほどもちょっとありましたけども、こちらの絵のように混雑する場所がある。そういう場所をどうするか。作業順序を入れ替えるだとか、ロケーションを変えてみるとか、いろんなやるべきことがあるんですけど、それをやってみると渋滞がなくなるだとか、人が有効に時間的なピッキング作業ができる、動かなくてもいいというような距離配置の在庫ができるということです。それがオフのときとオンのときでこれだけ違ってきたというようなこと。これを棒グラフに表すと、やってないときは青なんですけども、緑のときにやるとかなりピッキング時間が短縮されているというようなことが、結果的に分かりました。

次に、物量に応じて今日、明日の作業員手配、毎日同じ人数と同じ車両で仕事をやっていません。例えば、月曜日は発注が多いだとか、木曜日は多いだとか、逆に火と水は少ないだとか、ものすごくぶれることがあります。特に日雑系、小売系はあります。こういったところにどう対応するかというところなんです。これも、需要予測に基づく人員、車両の手配、それから必ずしも1拠点で全部、仕事をやっていない場合もあります。ここの拠点は作業をやる拠点で、在庫であまり動かないものとか、ここに置いておいたら坪単価が高いから、もうちょっと安いところに置いておいたほうがいいというようなものも中にはあります。でも、そういうものも持ってこないといけない。補充をかけて持ってこなきゃいけない。その量をどれだけ持ってくればいいのかな、その頻度をどうすればいいのかなというようなことを、この人工知能で解析します。

このスライド（掲載省略）にありますように、曜日、日別の過去の出荷量ですね。それから過去の天候、その結果、どういう出荷になっていたかということを回します。また新しい、これから将来のお客さん、来月、再来月、どういうことをやるんだろうかというような出荷の情報、イベント情報。また下は来月、再来月の天候情報。それから細かいことを言いますと、地域のイベント情報。市民運動会だとか、お祭りだとか、そういうものを入れて、じゃあ明日、明後日はこういう動きをするべきだよというものをある程度出してくれるというようなことで、その結果、先ほど言った在庫の最適化だとか、人員と車両の最適化、これは１００％の解ではありませんけども、これが営業所の所長によって、ちゃんと今までも経験と勘、気合と根性でできてた人と、経験と勘が足りなくて、気合と根性はあるんだけど、できてなかった人もいるんですけども、こういうものを入れることによって、経験と勘と気合と根性が仮になくても、ある程度まではきちんと答えを出せる、アウトプットを出せるというようなことをやっているわけです。

ただ、こういうことを進めていきたいんですけども、なかなかそういうふうなところまで人財が育っておりません。これが1つの課題だと思っております。データサイエンティスト育成の取り組みということで、白抜きで書いてあるところ、これができてないです。まだまだ足りないところです。さっき言いましたように、エクセルだとかアクセスでいろんなことをやっています。でも課題の発見、要因分析、ソリューション開発、横展開。横展開まで含めてどうするかということをやるためには、まだまだこのデータシステム、人財の強化、育成をやった上で、こういうことを実現していきたいというふうにやってるところです。

8．スマート安全運行管理システム

次に、安全に関してです。非常に事故というものが社会的な影響を及ぼすところも大きいです。ちょ

図5－9　スマート安全運行管理システム

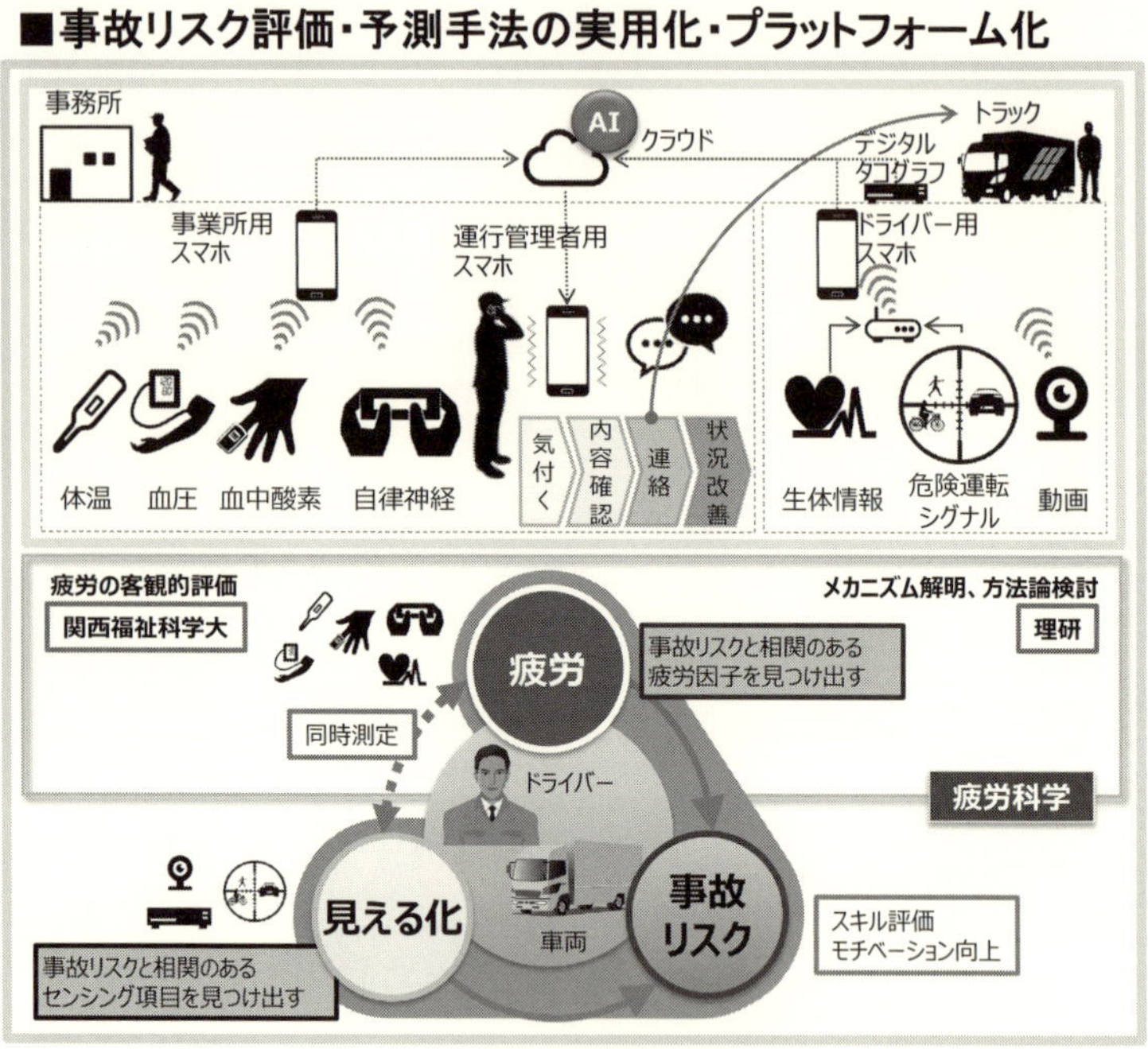

っと前ですと、トラックの大きな事故、それから観光バスの事故だとかございました。こういったことで、私どものものだけではなくて、2次に出している協力会社さんだとか、3次の協力会社さんを使ってるような場合も中にはあります。こういうところも含めて、どういうふうに安全に対して配慮をしていかなきゃいけないかということです。

図5－9はプレスリリースしたものなんですけども、物流、トラック、運行管理における疲労科学、これに基づく事故リスクの手法開発していきます、やります、やってますという話です。これはドライバーさんとか運行管理者、ここだけに任せて運行・安全をつかさ

どるという不可能なレベルのものを今、求められておりますので、少しでも運行管理者とかドライバーさんに助けになるような、安全に配慮したそういった会社であり、そして社会を目指すようなことをやっていかなきゃいけないというふうに思って、始めたわけです。

ご存知の方はたくさんいらっしゃるかもしれませんけども、ハインリッヒの法則ということで、重大な事故1件の裏には、軽微な事故29件ともっと軽微な案件、ヒヤリハットと私たち呼んでるんですけども、ヒヤリハットが３００件あると。１件の重大な事故の陰には、合計３３０件のヒヤリハットを含めたものがあるということが言われております。これを組織的にどういうふうに解決しておこうかということを今考えておりまして、今現在はこのように、車にはドライブレコーダーだとか、モービルアイだとか、スリープバスター、居眠り防止用の機器が付いています。

それとは別に、**図５－９**の左側にありますように、体温だとか、血圧だとか、血中酸素だとか、自律神経、こういったものを感知できるようなセンサーを付けて、これら両方の情報を人工知能に飛ばす。人工知能に飛ばしたものからトラックドライバー、それから事務所、運行管理者さんのところにもアラームが飛んで、さっき言ったヒヤリハットの３００件段階でアラートを出すということです。寝ちゃってから出すんじゃなくて、この状況は寝ますよ、この状況は疲れてますよというようなヒヤリハット段階で、ドライバーと運行管理者に飛ばす。ドライバーがすぐ行動を起こせばいいですけども、起こさない場合は運行管理者からもう1回、ドライバーにアラートを出すというようなことをやって、３００件をつぶしていきます。３００件をつぶすと、一番多いのは追突事故なんですけども、そういった事故１件も減っていくというようなことをやっています。

そのために私たちも知見が足りないので、ここにありますように、疲労の蓄積客観的評価だとか、それからメカニズムというようなことは、私たちは分かりません。したがって、関西福祉科学大学さんとか理研さんと一緒になって、こういうことを始めた。これを新聞で発表したわけです。その代わり、私たちが持ってるデータをすべて提供して一緒にやっていくということです。

これが1つの形になれば、当然ここにありますように、スマート安全運行管理というものができるようになって、これも100％じゃなくてもいいと思うんです。80％、85％、90％でもいいと思ってますので、これをまず自分の会社、自分の一緒にやっているパートナー、運送会社さんに生かしていく。私どもは佐川さんとも提携してますから、もし佐川さんがそういうことを使いたいとおっしゃるのであれば、佐川さんにも使っていただくとか、そういうことをやっていきたいなと。もしかしたら、これが運送業界に広がるかもしれないというふうに考えております。

もっと言うと、これがきっちりいいものだということが認められれば、今、世の中にはリース車両だとかいうものがたくさんあります。リース車両だとかいろんな保険、保険も事故が減れば、保険会社さんは絶対ありがたいわけですよね。保険会社さんだとかリースカーだとか、いろんなものに使っていけるんじゃないかなと。または、本当に認知されれば、タクシーだとか路線バスだとか、いろんなものにも使っていって、社会がよくなっていくのではないかなというふうに思ってるわけです。

9．おわりに（目指す姿：Global Supply chain Solutions Provider）

いろいろお話しさせていただきましたけども、これも私ども、今日来ている畠山、それから館内がいくら言ったところで、そう簡単に進むものじゃありません。ここを今、当社が考えてますのは、図5－10の横軸を見ていただきますと、これがマテハン会社さんだとか、デベロッパーさんだとか、いろんな

図5－10　日立物流のめざす姿

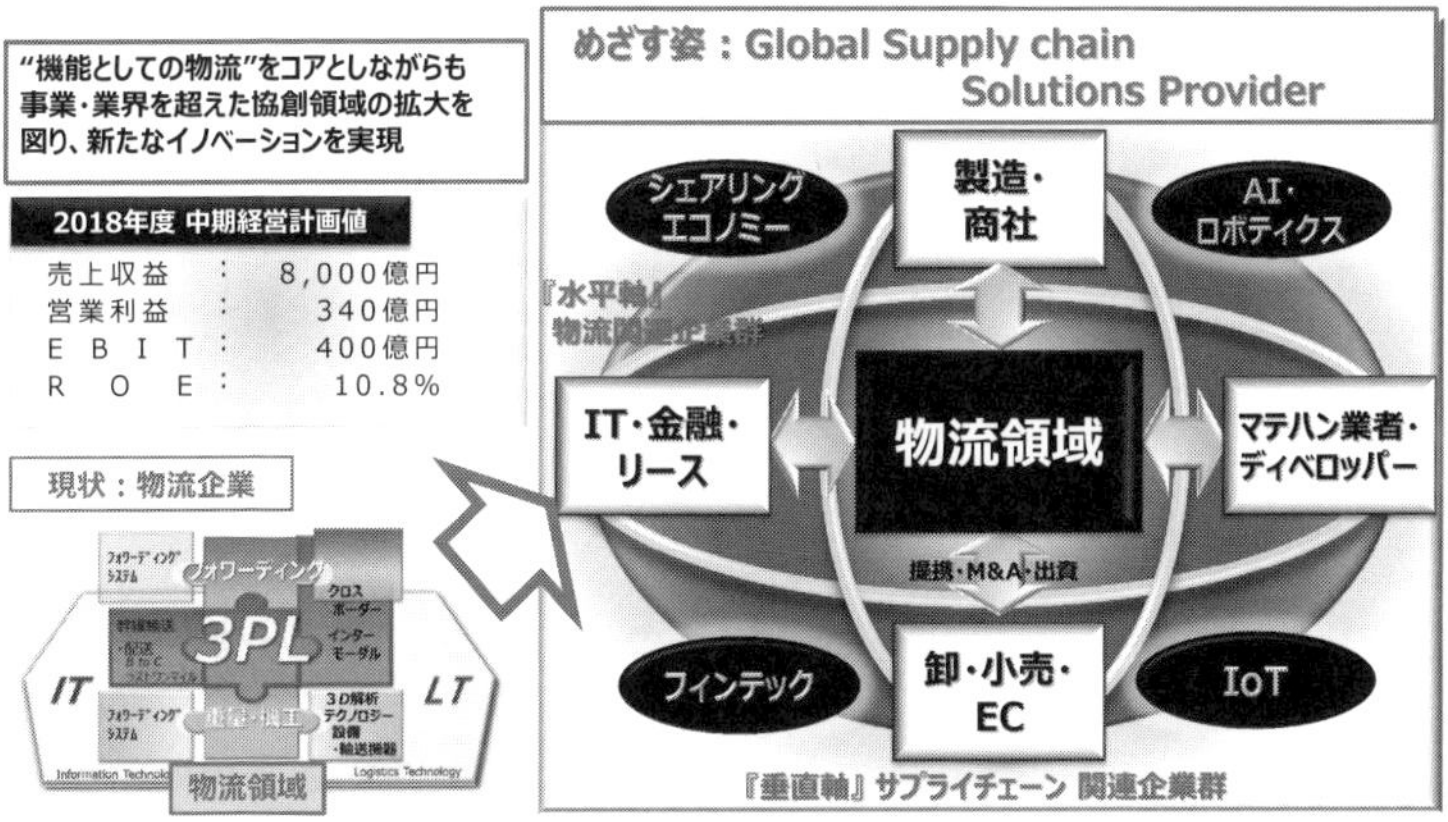

金融、リースさん、物流の企業群ですね。それから縦系で言いますと、サプライチェーン、製造するメーカーさん、商社さん、それからそれを販売してくれる卸さん、小売さん、Ｅコマースさん、いろんなところと協創していかなきゃいけない。シェアリングしていかなきゃいけない。そうすることによって、ＩｏＴ、ロボティクス、シェアリングエコノミー、それからＡＩ、フィンテックというようなものがお互いがお互いの領域に入り込んで、すべては入り込めないと思いますけど、入り込んで手を取り合ってやっていかなきゃいけないというふうに思っています。

これが先ほど冒頭に言った、フォワーディングと３ＰＬと重量・機工と言ってましたけども、それだけではありません、もっと縦と横の広がりを持ったものを持ってかなきゃいけないんじゃないかなと。それが私どもが目指すGlobal Supply Chain Solutions Providerということで、今年以降、進めていきたいというふうに思ってるわけです。以上、全体をざっと説明しました。以上です。

長沢　どうもありがとうございました。（拍手）

10．質疑応答

質問者（柏尾）　柏尾と申します。本日はありがとうございました。「日立物流の研究開発：R＆Dセンタのめざす姿」（図５－５）で質問です。検品の部分のところをこれから開発に力を入れていくということだったのですけれど、ＲＦＩＤって結構前からあって、なかなか導入が進んでいってないと思います。それってやっぱり、人がやったほうが安くて速くて正確でというところがあって、進まないというふうに思っています。それでも、御社の中でこのままこのＲＦＩＤの技術をパックして導入していこうというふうに考えてるいのか、もしくは検品をすることにほかの技術を開発していくのかというのがあれば、教えてください。

畠山　ＲＦＩＤにつきましてはちょっと前になりますが、コンビニエンスさん業界でやりました。一定の効果があったので、やはり製品ができる段階でＲＦＩＤ付けてないと、すべてのものが付いてないと意味がないですよね。以前、バーコードの頃もそういうことがあったんですよ。80％バーコード付いてるけど、20％付いてないというようなときに、バーコード検品できなかったということがあって、最後の最後は自力で付けた覚えがあるんですけども、ＲＦＩＤも同じで、今コンビニ業界さんのところは、ベンダーさんにコンビニ業界さんが主導となって付けていただけるようなことを進めています。その研究に一緒に参画させてもらっています。

それによってどの程度、効率、生産性が上がるのか。それがどうコストにはね返ってくるのか。今度は物流センターだけではなくて、それが店舗でのレジだとか、それから棚卸し、そういうところで使用者さんのほうでも、店舗のほうでもどういうメリットがあるのかということを検証してますので、結論から言うと、そういう動きができてるところは進んでいくというふうに思っています。ただ、全く動きがないところに当社が一生懸命言っても、それなりのＲＦＩＤタグ１枚いくらというコストがまだかかりますし、今度はそれを付ける工数と時間がかかるので、ここはやっぱり難しいかなと思っています。

ただ、今回のように、バーコードだけではなくてＲＦＩＤも、先ほどちらっと出てきましたけど、カメラではなくて１つのトンネルの中を通ってＲＦＩＤの検品ができるような仕組みも今研究中なんですけども、そういったことをやれば、さらに精度が高まると思っていますので、これはずっと続けていこうという状況です。何かありますか。付け加えること。

館内　そうですね。ＲＦＩＤに関しまして、当然、われわれはメーカーではありませんので、そこのメーカーさんだったり、あとはタグ会社、それからリーダー会社と協創。協創というのは協力の協に創造という言葉が使われるんですけども、一緒になってやっていかないといけないというところで、先日もプレスリリース出しまして、今、われわれ、リーダー会社の東芝テックさん、ＲＦＩＤの大手リーダーのメーカーさん、東芝テックさんと、あとはタグのメーカーさんであるＤＮＰさんと、いろいろな試みをやっていこうというふうに始めているところでございます。

課題というのは、どこで付けるのかとか、そういった部分があるんですけども、一番はデータをスタートツーエンドで得ることによって、何が、例えばメーカーさんだったり、そういった世の中にどういうお役立ちができるのかと、どういうソリューションが提供できるのかと、そっちのほうが大変重要な差別化のポイントになってくると思うので、そういうところですね。三者協創でこれからやっていくというような形になっています。

質問者（呉）　呉と申します。本日は大変貴重なお話、ありがとうございます。最後のページ、先ほどの回答にもちょっと関連するんですけど、今まで自分の業界とかじゃなくて、横と縦、すべての関連企業さんとつながっていって、新たなイノベーションを出現していくという、オープンイノベーションに近いものだと思いました。現在、それぞれ、会社のコア技術になるかもしれないんですけど、どこまでそういった関連の会社の方々の協力を得ているか、その展望、あと、難しいところは何があるかというのを教えていただければと思います。

畠山　一番身近なところで言いますと、幸いにも日立グループにいましたので、今は連結ではないんですけれども、日立さんのグループの一端を担ってるわけなんです。そういう意味ではＡＩだとか、いろんな製造の精密機械に関するところというのは、かなり日立さんと連携してるところがあります。それから、そのグループの中に金融だとか、リースだとか、ＩＴの部署もあります。こういうところは連携しています。

ただ、別に日立さんに限らず、先ほどご紹介したような省人化のマテハンも、日立さんのものもあれば、これから日立さんじゃないものも入れていくということはしていこうと思っていまして、例えば値段とか性能とかいうのは全部、他社と比較しています。他社と比較していて、納期、性能、値段、これが安ければ、そのベストな会社を選んでいくというようなことをやっています。

それから、マテハン業者さんとかデベロッパーさん、これはまだまだ私たちの努力が不足してるところもあるんですけども、今日お邪魔してるプロロジスさんとか、そういうところの会社さんとも情報交換して、どういうものがつくっていけるか、今日お邪魔してるのもそういう関係が多分にあるかと思うんですけども、どういうところで何がやっていけるかねというようなことはやっております。

それから、卸さんとか小売さんはすでにかなり仕事の中で業務に入り込んではいるんですけども、例えば卸さんとかメーカーさんでも、Ｅコマースの関係をやるのにその仕組みづくりから一緒にやろうだとか、拠点の設計、関東地区1拠点でいいのか、関西と関東地区の2拠点にするのか、または広大な敷地がある北海道はまた別に置くのかとか、そういうようなことをどういうような戦略で物流をやっていくのかというようなことの情報交換というのはかなり、単なるものを保管して運ぶだけじゃなくて、これからどういうスタイルにしていくかというところも一緒に入り込んでやっています。

ものづくりのメーカーさんも、工場から出て別の倉庫にものを1回運んでという物流をやめましょうよと。工場の横に隣接して物流棟を建てて、そこにはコンベアでものを流して、1回トラックに積んでまた走ってトラックから降ろしてなんていうのはもうやめましょうと。それやってれば、うちはそれで仕事になるんですけども、そういうことは人も今、非常に集めるのも大変だし、環境にもよくないし、どうせなら工場つくるときにそういう物流棟も一緒に検討しませんかと。

そこには省人化技術、こういうのを入れて、工場から、ここから、責任範囲は変わりますけども、ものの流れという意味では、ＳＣＭという意味では一気通貫でできるんじゃないですかというようなことを入り込んでやっているというようなことは始めております。

質問者（早川）　早川と申します。今日はどうもありがとうございました。自動化のために機械化していくことの必要性ってよく分かりました。昨今、日本国内では地震がすごく多くなってるという状況の中で、機械化とそういう災害等に対して、例えばバックアップをするような技術開発であるとか、そういったところについては、今どのようなお考えで取り組まれているのかを教えていただけませんでしょうか。

畠山　大きな意味ではまだ１００％省人化、機械化と、それからＢＣＰと災害というものとが合ってるとは思ってないんですね。例えば機械化を導入する、省人化の技術を導入するときには、必ず、例えばその場所で大災害が起きたらものは出ないよねと。じゃあどうやってものは出すのというような、その同一拠点におけるＢＣＰをまず考えています。

人手だったらどういうふうな出し方ができるのか、機械でやっていて１００まで出せるものが、災害時、機械が動かない。そのときに、人で動かすときにはどこまで出せるのか。例えば１００を１００は出せないと思うので、１００を45まで出せるようにするだとか、そういう策は打っています。または、その拠点では45だけども、そのお客さんの場合は、東西２拠点でやっているような場合は、じゃあ西からその分の足りない分を出して、東の分の45と足して１００をカバーするだとか。または、根本的なところはそういう災害があっても、設備が壊れちゃった場合、しょうがないんですけども、電力の問題だとか、そういうような問題であれば自家発電装置をつくったり、またはそもそも免震の倉庫を選択する。在庫だとか設備に異常を来さないような免震の倉庫、耐震の倉庫、またはバックアップ電源がちゃんと自家発電があるようなところというようなものをなるべくするようにしています。

それに加えて、本当に機械が動かなくなったら、どういう作業でものを出すか。どういう作業で車を集めるか。車を集めることについては、この間の大震災のときも車は来てくれるんですけど、燃料をどこで入れて帰ってくればいいんですかという質問をたくさん受けました。今は満タンですけども、茨城と群馬の県境近くまで行ったら、どうやって帰ってくるんですかと、どこで軽油を入れればいいんですかというような質問がたくさんありましたので、今は全国にインタンク、それから契約タンクと。この契約タンクというのは、優先的に燃料を入れさせてもらえる契約なんですけども、そういう契約タンクと自前のインタンク、これを持って軽油とガソリンの備蓄をしています。

いろいろ話が広くなっちゃいますけど、そういうような設備自体でカバーできること、それから準備でカバーできること、それから原始的に人力でここまでカバーできるから、ここまではやりますという内容でお客さまに納得、了解いただくこと。あとは他県からのカバーでこれだけやりますというような、いろんなものの組み合わせになってきています。決して機械だけですべてがカバーできる、災害の国、日本でできるとは思ってないという状況です。

質問者（村上）　お話ありがとうございます。村上と申します。ＡＩとかいろんな技術が台頭する中で、今まで貴社が培ってきた技術というものがあり、どういうふうにこれからいろんな技術に投資していくのかという、すごい難しい今、時期にいるのかなということをよく分かったんですけれども、デジタル化とかと言われる中で、いろんな技術が台頭する中で、貴社から見たお客さんのニーズみたいなものに変化があるのかどうかというところを、ぜひ教えていただけたらと思います。

畠山　はい、ありがとうございます。端的に言って、お客さんのニーズはまちまちです。先ほど言ったような環境変化を大きく先取りされていて、すでに商売をそういうふうにやってるお客さま、そういうところは、何でそういうことを早くもっと取り組まないのというところもあれば、やはりお客さまによってはコストがまだ第一で、なかなかそこまでは踏み込めないというようなところがありますね。

したがって新技術、いろんな設備を入れると、今よりも、今の段階ではコストがかかるんですよ。例えば、先ほどの無人のフォークなんていうのは、まだ動きが遅いですから、人が乗っかってやってるほうがよっぽど生産性が高いんですね。ただ、先ほど申し上げたように、土日も夜中も黙って動いてくれると思います、今後は。もうちょっとスピードが速くなれば、それに追い付いてくると思いますが、今の段階では高いです。

そうすると、そういうものを投資してでも、5年後のために、5年後は大変なことになるから、今からそういうことを投資しろと、してもいいよと言ってくれるお客さんもいます。現実問題、います。一緒にやろうよと。ほかに先駆けてやろうよというお客さんもいますが、そうじゃないお客さんもいっぱいいます。私たちは、特に新しい拠点は既存と同じやり方でやっていては駄目なので、とにかく、お客さんの仕事、内容によって違いますけども、今回始める拠点では何が入れられるかというのを全部検討しなきゃいけないルールになってるんですよ。

コストのことは別として、こういうものを入れられる、こういうものを入れると意味がある、価値がある、3年後は絶対役に立つというようなものは、先ほど投資とおっしゃったので、そういう意味でお答えしますけど、戦略投資という意味で事前に出金をある一定の基準の中で、容認しています。その分は、私ども独立採算というか、事業所の採算性になってるんですけども、事業所は赤字にならないように、その分は補塡をしてあげると。その設備費ですね。そういうことをやって、とにかく新しい技術を入れなさいというようなことをやっています。

そういうことをやらないと、誰も自分の収支、営業収入と利益だけを見るとなかなか取り組んでくれない。でも、そのうちに3年たってみると、人が集まらない。今のやり方をやっていたら、仕事ができなくなるというような世界になりつつあるので、そういうことをやっていく。

一番困ってるのは、先ほど言ったように、既存の仕事をどうするかなんですよね。既存の仕事はずっとやってますから、それをどう変えていくかというところが悩みどころ。一定の期間がたてば、いろんな設備も古くなってきますから、買い替え、入れ替えのときが来ます。そういうときを1つのターニングポイントとして、そういう新技術、商品化技術を導入していくということをやっていくべきかなと。

また、汎用センターをつくって、Aというお客さん、Bというお客さん、Cというお客さんで1つずつつくるんじゃなくて、似たような業種であれば、これはもちろんお客さんの了解は要りますけど、似たような業種であれば1つの大きなセンターにまとめて入れて、ここで省人化の機械を入れて、A、B、C、Dのお客さんをできれば一緒に流す。

先ほど出てきました棚を運んでくるRacrewというのは、皆さん分かりづらいかもしれませんけど、例えば量販店さん。量販店さんって、小売り業（甲）とか、小売り業（乙）とか、小売り業（丙）とか、いろいろお客さんあります。ほとんど値付けするわけですね。値付けするので、普通ですと量販店別に作業を分けてやります。時間帯も分けて、場所も分けてやるんですけど、あのRacrewですと、全部あの中に入ってれば、ピッキングするステーションだけ分ければ、在庫は全部一緒でも、あそこのステーションに振り分けて持ってくる。

例えば小売り業（甲）分、小売り業（乙）分、分けて、別々に在庫をもつということではなくて、在庫・保管場所は同一としつつも、もちろん値付けはした上での話ですけど、そういうような複数のセンターを1つに入れて、省人化の設備を入れてやっていくなんてこともやっていきたいと思っていますが、既存の仕事の変更はすぐには実現するのは難しいと思っています。それで複数センターをまとめることで、固定人員、間接人員を減らすだとか、同じ仕組みをみんなでシェアリングするだとかいうようなことを考えていきたいと思っています。

質問者（鈴木）　鈴木といいます。本日は貴重な話、ありがとうございました。何点か質問があるんですけれども、倉庫内の自動化の機械の部分で、重量に関しての言及が多かったような気がしていて、特に、いわゆるピッキングとか、それに関しては自動化というのは適してるんだろうなと思いつつ、いわゆる重量物とか、そういったものというのは、こういった知見というのは応用できるのか、1点、気になったところです。

2点目が、基本的には倉庫のオペレーション効率を上げてというところだと思うんですけれども、一番最後のところに中計の計画値を言われていて、売り上げでこういう営業利益というところなんですが、倉庫のこういったオペレーション面の改善によってコストを下げる、そういった意味では他社様との比較だったりあると思うんですけども、教えていただきたいというのと、基本的にはしてらっしゃる商売はB to Bが多いのかと思うんですけれども、EコマースとかいわゆるB to Cというか、そういった領域に入っていくとか、そういった展望がもしあるのであれば教えていただきたいと思います。

畠山 はい。ありがとうございます。倉庫の自動化の話で重量という話が出ました。ちょっと、イメージされてる重量がどのレベルかということもあるんですけども、今日、私が言ったのは400グラムとか7キロ、これは400グラムですよ、でも7キロまで能力は本来あるんですとか、それからデパレタイザーは今16キロですよ、だけど80キロまで運べるんですよというようなことを申し上げた。そのことかと思います。

当社、普通の営業倉庫で預かってるもので重たいものというと、自動車部品とか建設機械の部品ぐらいが重たい部類かなと思っています。

そこには、この省力化技術というのが生かせると思っています。または細かいところで言うと、細かいけど重たいのは超硬工具とか、工作機械を削る刃を、このぐらいのケースに入ってるんですけど非常に重たい。それがまとまると非常に重たいというような世界があるんですけど、そういうものにも対応できるかな。逆に言うと、重たくて苦労している職場、そういうところに入れたいなと思っています。

ただ、1つだけ考えなければいけないのは、どれだけの作業量があって、機械を入れて、どういうふうに採算のラインが出てくるかというところは気にしなければいけないところなので、それを気にしながら、マテハンの省人化の技術を入れていくというところを今やっております。

それから、中計の話がちょっと出ました。オペレーションの改善にどの程度、寄与してるかというお話だと思いますけども。オペレーションの改善でどこまで寄与してるかなというところは正確に出していませんが、1つだけ言えるのは、これだけ営業収入を伸ばしていくためには、3PLの業務でこのぐらい、重量・機工でこのぐらい、フォワーディングでこのぐらいという、おおよそのものがあるんですけども、その中の3PLではこれからこういうシステム、省人化技術を入れていかないと取れないだろうと。仮に取れても、運営を2年、3年とやっていけないだろうという1つの危機感の表れです。ですから、省人化技術というものを入れながら、これからも3PLという仕事を伸ばしていくというご理解をいただいたほうがいいと思います。

あともう1点、M&Aを含めた数値を組んでいるわけですけども、M&Aの場合は、その時期、状況によって、売り値と買い値の問題がありますので、それを私のところでは判断できませんが、仮に売り値と買い値のバランスがうまいものがない場合は、たとえ欲しい、一緒に組み込みたい、一緒になってほしいと思っても、値段が合わなければ実現しないわけですよね。そこのM&A部分は別枠で考えていかなきゃいけないかなと、私どもは、営業とか技術部隊は思っています。

それから、3番目のB to Bがというお話。まさにそのとおりでB to Bが多いんですけども、最近、B to Bのお客さまも、小売系とかアパレル系とかいうところは非常にEコマースがプラスアルファで増えています。ただ、大手Eコマース事業者さんとか、ああいうような世界のようにB to Cを専門にやっている企業さんと幅広くお付き合いしているわけではありません。しかし、ご覧のようなこのお客さんの中でもかなり、例えばこちらの大手アパレルのお客さまも、これ、私ども全国やってるんですけども、非常にEコマースが増えてきたというようなこと。

大手Eコマース事業者さんのお仕事を一部やらさせて頂いていますが、大手に限らず中小の通販事業者さんのto Cも増えてきたので、きっちり対応していきたいと思っています。また、こういった仕事をやはりさっきと同じようにまとめて、1カ所でみんなばらばらでやるんではなくて、できれば何カ所かのものをまとめてやっていきたいなというふうに思っています。そうすることによって、設備だとか、自動化も導入しやすくなりますし、車の回しももしかしたらうまくいくんじゃないかなというふうに思っている状況です。

結構、ホームセンター向けの仕事とかも店舗配送、こういったGMSさんの店舗配送とかもやっていますので、そういうルート車を活用したデポ経由のEコマースなんかもあるんじゃないかなというふうに思っています。

あとは、小口配送では今でも佐川さんと提携しておりますけども、今でもほかの宅配事業者さんも、使用させていただいています。これはお客さまの指定とかエリアの特性とか、そういうのはあります。これは佐川さんにもご了解いただいてやっている状況です。これは使い分けて、今後もやっていきたいと思っています。よろしいですか。

質問者（後藤） 後藤です。本日は貴重なお話ありがとうございました。RFIDに関してお伺いします。先ほどM&Aの話も出ましたけれども、いろいろ本当に先進的にメカも新設してやっていこうという中で、例えば異業種さんとのアライアンスであったりとか、部外との共同開発みたいなもので、お話しできる範囲で構いませんけれども、何か面白い事例などもしあれば教えていただけないでしょうか。

畠山　はい。さっき言いましたコンビニ業界さんとのことは、もっと深堀りしていきたいなと思っています。それから、ちょっと今お名前は出せない状況ですけども、アパレル業界さん、またはシューズのメーカーさんとの中でＲＦＩＤを付けて何ができるか、もっと効率を上げられるかというような研究をしていってる部分があります。

また、海外における事例ですが、エリア及び店舗を限定してＲＦＩＤを実装して、物流の部分だけでなく店舗オペレーションも含めた効率化の検証を実施されているお客様もいらっしゃいます。

あとは、Ｒ＆Ｄという広い意味で言うと、イギリスでは日産さんの工場がいくつかありまして、私ども、バンテックというグループ会社があるんですけども、バンテックという会社が自動車物流をイギリスでやっています。そこに対して、イギリスのサンダーランド大学のほうから、品質、生産性、安全、セーフティーに関する研究を一緒にしたいというようなお声掛けがありまして、それを私どもの拠点を使いながら、事故の問題とか、安全上の問題とか、やっているところが、ついこの間から始まってますね。

館内　先ほどのご質問で、いろんなところと提携といったところで、ピースピッキングロボットとか、Racrewとか、今ご紹介したものって、当然われわれは物流会社なので、どこかと提携しなきゃいけないんです。基本的には、日立さんの研究センター、そちらといろいろやっていく。ただ、物流の中において、当然、日立さんの研究センターは物流屋さんじゃないので、物流業務の細部含めた実務の部分までについては物流会社である当社の領域になります。

われわれはそういったノウハウを持っている。そして、日立さんの研究センター、いろんな開発要素技術ですね。ロボットはこういうふうに動くとか、そういったものを掛け算して、お互い最高のものを出していくというのをやっているんですが、例えば画像認識でも今いろんなベンチャーさんが出ています。名前は申し上げられないんですけども、いろんなベンチャーさんといろんな会話をしたり、AI系も特にそうなんですけども、いろんなところと会話はしております。適材適所で、特にベンチャーさんはここが強いんです。とんがった部分ってのはそれぞれなにげに違うので、そこをどうやってわれわれが、全体的ないろんな業種で物流の形態が違うものですから、どう組み合わせて、どう協創してパートナーとしていくかというのはやっているところでございます。そんなお答えです。

長沢　はい。ありがとうございます。ほかはいかがでしょうか。ちょっと質問が途切れたようなので、私から質問です。

大学の話がちょっと出て、イギリスの大学から共同研究をしようというお申し出があったとのことでした。大学業界にいる者として気になるのですが、日本の大学からそういう話があるとか、あるいは御社がこの研究を何とか大学の何とか教授にちょっと一緒にやりたいとか、そういうことはあまりないのでしょうか。

畠山　すみません。私が存じ上げないだけなのかもしれませんけども、今のところ聞いてないというのが現実です。先ほど、冒頭に言ったように、私、3月まで営業をやってたんですけど、今度、4月から現場を見る部隊になったので、ちょっとそういう部署と遠のいたのかなと思ってますけども。ただ、いろいろ大学さんと過去やった話で言うと、例えば地域の方たちの輸送というか、交通、これをもっと効率よくセーフティーに、そしてCO$_2$を出さないようなものを考えていかなきゃいけないよねというので、例えば千葉県N市と、更には大学さんも参画して産官学連携で取組んだこともあります。

それから大学の方が一定期間、私どもの拠点に来て、物流というものはどういうことをやっているのかというようなことを、まず現場を何カ所かチェックする、そしてどういう仕組みを使ってるのかとか、どういう苦労があるのか、悩みがあるのか、課題があるのかといったようなことを、いくつかのテーマを持っていらしてたんですけども、それを研究を一定期間して、それをリポートにまとめ上げるというようなことをやっていたというようなことは、確認しております。

長沢　ありがとうございます。私も技術系という範疇では、ロジスティクスも範囲のうちなんですが、どんぴしゃの専門じゃないので、この授業を担当するに当たって、いろいろ調べたんですね。ロジスティクスとか物流のバイブルみたいな本は、ヨーロッパの大学の教授が書いてるんですね。日本では、かつてはある程度いらしたのが、今、物流・ロジスティクス専門の先生というのは非常に少ないという現状だと思ってるんですね。それでちょっと伺ってみたんだけど、やっぱりそうなのかなと。

日本ではむしろ実務のほうが先行するという感じになっていて、理論面はどうでもいいというわけではないとは思うんだけど、専門の先生というのは数えるほどしかいないのかなという状況ではないかなと。多分、そういうことなのかなとここで感じました。

質問者（鈴木）　再度の質問ですみません。鈴木です。今、人材に関して話が出たので、そこで質問があります。ロジスティクスに関する知識にＩＴをぶつけてという話だと思うんですが、物流そのものもサプライチェーンがグローバル化していって、複雑性が増してると思います。むしろ、もともとコアとしていた部分が変わっていく中で、どういった人材育成だったりとか、例えばジョブローテーションだったりとか、エリア別だったり、情報交換・連携だったりとか、そういった人材、そっちの物流のほうの人材に関して、どういった工夫をされているのでしょうか。

畠山　そういう地域、地域での人材の交流というか、ローテーションというのは特に近年は意識してやっています。私どもの会社、まず入社すると現場実習というのがありまして、現場で全員実習してから配属になります。これはずっと過去から変わってません。私も入社して一定期間は先ほどのあの昔のトラックに荷担ぎとか、そういうのをやってましたし、そこで本来こういうものだなと、荷物を動かすってこういうもんだなと。そこには若干の危険もあるし、疲れるし、大汗かくんだなというのを体験して、それぞれの配属になって、海外に行ったり、国内に行ったりとかいうようなローテーションを今しているというような状況です。

それから現場部門と営業部門のローテーション、すべてが上手くいっているというわけではありませんが、それを極力やります。それから1部署に5年以上いないとか、それはほかの部署の経験ができない、ステップアップができないということもありますけども、やっぱり1つの部署で凝り固まってしまう。特に管理部門はよからぬことも発生する可能性があるということなので、1部署に長期間停滞しないということで、長期停滞者リストというのは毎年出てきます。長期停滞者リストに載った人は職場を変えなさいというようなことをやっています。

ただ、一方で海外の場合はやはりそのエリアの、または国のしきたりとか文化とか習慣がありますので、そこを一定の短い期間で変えると、結局何もできなかったということが過去ありました。したがって、全員じゃもちろんありませんけども、この人間とこの人間はこのエリアでしばらくやってもらうと。それがきちんと引き継ぎできるまでは、後継者をつくって残ってもらうというようなことをやっています。

それは現実問題、必要だと思いますし、お客さんは固定的にいらっしゃる、海外のお客さんが全然変わってないのに、当社の陣容・体制が短期間で変化していたら話がまとまらないというか、通じないということになっています。ただ、大昔はそれが色濃すぎたところがあったので、それを改めているところです。

あとは、どうしても現場系のところ、それから営業技術系のところに皆さん、考えが行っちゃうと思うんですけども、経理系だとか安全品質系の人間も変えて、全体が見渡せるようにしています。やはり今、テレビ会議だとか動画だとか、いろんなもので、ネットだとかで情報は早く展開ができるようになってはいるんですけども、日々、生きている物流の現場に行って、リアルにそれを体感しないと分からないというところがどうしてもあると思いますので、そういうところは気を付けてるところです。

長沢　今のお話は、ロジスティクスのエキスパートというのは要るのでしょうか。それとも、いてはいけないのでしょうか。

畠山　ロジスティクスのエキスパートはいていいと思いますし、いるべきだと思うんですけども、1つのところに、その方じゃなくてもいいのに、ずっと長らく停滞するというのはよくないなと。できれば、きちんと次なるエキスパートをつくっていただいて、ほかのまた事象なり、エリアなり、そういうところを経験して、さらに積み上げをしていってほしいなというふうに思ってるわけです。

長沢　ありがとうございました。ちょうど時間でございます。

今日は株式会社日立物流の執行役常務・東日本統括本部長　畠山和久様にご講義いただきました。では最後に、感謝を込めて、盛大な拍手をお願いします。（拍手）

《編者略歴》

長沢伸也（ながさわ　しんや）

早稲田大学ビジネススクール（大学院経営管理研究科）および商学研究科博士課程教授.
立命館大学教授などを経て，2003年より現職．工学博士（早稲田大学）.
仏 ESSEC ビジネススクール，パリ政治学院，立命館アジア太平洋大学各客員教授，LVMH モエ ヘネシー・ルイ ヴィトン寄附講座教授を歴任．専門はデザイン＆ブランド・イノベーションマネジメント論．Journal of Global Fashion Marketing（Routledge），Luxury Research Journal（Inderscience）など5海外学術誌の編集委員・編集顧問.
主な著書として，『地場産業の高価格ブランド戦略』（共著，晃洋書房，2015年），『コミュニティ・デザインによる賃貸住宅のブランディング』（共著，晃洋書房，2015年），『シャネルの戦略』（編著，東洋経済新報社，2010年．韓国語版：Random House（ソウル），2011年），『ルイ・ヴィトンの秘密』（講談社，2009年．中国語版：东华大学出版社（上海），2016年），『老舗ブランド「虎屋」の伝統と革新』（共著，晃洋書房，2007年），『ルイ・ヴィトンの法則』（編著，東洋経済新報社，2007年．韓国語版：Haeng Gan（ソウル），2009年．タイ語版：Technology Promotion Assoc.（バンコク），2009年），『ヒット商品連発にみるプロダクト・イノベーション』（共著，晃洋書房，2006年），『老舗ブランド企業の経験価値創造』（編著，同友館，2006年．中国語版：中衛發展中心（台北），2008年），『環境対応商品の市場性』（共著，晃洋書房，2003年．英語版：晃洋書房，2007年），『ブランド帝国の素顔 LVMH モエ ヘネシー・ルイ ヴィトン』（日本経済新聞社，2002年．中国語版：商周出版（台北），2004年），『Marketability of Environment-Conscious Product』（共著，Koyo Shobo，2007年）など多数．訳書に『ラグジュアリー時計ブランドのマネジメント』（共監訳，角川学芸出版，2015年），『ラグジュアリー戦略』（東洋経済新報社，2011年）など，計109冊がある.

《執筆協力者》（掲載順）

辻本方則（つじもと　まさのり）

（株）ダイフク　技監［第1章］

辻　俊昭（つじ　としあき）

（株）日本ロジスティクスフィールド総合研究所　代表取締役［第2章］

副島秀継（そえじま　ひでつぐ）

（株）エス・ディ・コラボ　代表取締役社長［第3章］

犬塚英作（いぬつか　えいさく）

（株）キユーソー流通システム　執行役員　開発本部長［第4章］

畠山和久（はたけやま　かずひさ）

（株）日立物流　執行役常務　東日本統括本部長［第5章］

ロジスティクス・SCM《サプライチェーンマネジメント》革命
——未来を拓く物流の進化——

2019年9月30日　初版第1刷発行　　＊定価はカバーに表示してあります

編　者　長沢伸也©
発行者　植田　実
印刷者　江戸孝典

発行所　株式会社　晃洋書房
〒615-0026　京都市右京区西院北矢掛町7番地
電話　075（312）0788番(代)
振替口座　01040-6-32280

装丁　クリエイティブ・コンセプト　　印刷・製本　㈱エーシーティー
ISBN978-4-7710-3256-9